*Für Christiane,
Sabine und Oliver*

Christian Schaefer

Es klickt,
ich lebe!

Meine Herzklappenoperation
und das Leben danach

© 2020 Christian Schaefer
2. Auflage 2020
Verlag & Druck: tredition GmbH, Halenreie 40-44,
22359 Hamburg

ISBN: 978-3- 347-14186-5 Paperback
ISBN: 978-3-347-14187-2 Hardcover
ISBN: 978-3-347-14188-9 e-Book

Geleitwort

Diese nicht beschönigende, also wohltuende aufrichtige Schilderung einer subjektiven „Patientenkarriere" von den ersten, typisch verdrängten Symptomen des Herzfehlers über die Implantation einer künstlichen Herzklappe bis zur Rückkehr in den Alltag als Mitarbeiter in einem medizinischen Verlag kann und soll Betroffenen helfen, ihre eigene Situation positiv zu „verarbeiten". Betroffene sind dabei nicht nur Patienten, sondern auch die Angehörigen, die in eine medizinische Welt eingeführt werden, die ihnen vorher fremd und unheimlich erschien. Die Lektüre kann und soll Ängste abbauen und Missverständnisse verhüten. Solche „Autobiographien" werden deshalb zu einer wünschenswerten Ergänzung ärztlicher Ratgeber, weil sie besonders patientennah sind: Was habe ich als Patient anders erlebt und warum? Kann ich mich mit dem Autor identifizieren oder warum nicht? Solche unvermeidlichen Fragen helfen, das Leben mit der neuen Herzklappe vorzubereiten, zu vertiefen, von Ängsten zu befreien und zu bereichern. Als Arzt wünsche ich dieser Schrift eine weite Verbreitung.

Prof. Dr. med. Max J. Halhuber

„Nichts ist schöner als eine gelungene Herzklappenoperation"

Prof. Dr. Dr. h. c. Reiner Körfer

Prolog

13. September 1987. Es ist ein Sonntag. Kurz nach dem Mittagessen fahre ich los.

Ich verabschiede mich von meiner Frau, den beiden Kindern und unserem Dackel. Am Dienstagnachmittag werde ich wieder zu Hause sein. Mein Ziel ist zunächst Braunschweig, wo ich der Einladung einer Pressekonferenz folge.

Als Chef vom Dienst zweier Fachzeitschriften für Frauen- bzw. Kinderärzte besuche ich regelmäßig Fachkongresse, Pressekonferenzen von Fachgesellschaften, Institutionen und der Pharmaindustrie.

Von Braunschweig aus will ich dann weiter zum alljährlich stattfindenden Kinderärztekongress fahren, der dieses Jahr in Wolfsburg abgehalten wird. Ein wichtiger Termin für uns, da wir über den Verlauf beider Veranstaltungen in unserer Fachzeitschrift für Kinderärzte berichten wollen.

Auf der A2, kurz bevor es hinter der Ausfahrt Bad Nenndorf hinab in das niedersächsische Flachland geht, fühle ich mich plötzlich so, als ob mir der Kopf platzen würde. Erst wird mir sehr heiß, dann schwarz vor den Augen. Nur Bruchteile von Sekunden. Ich fühle mein Herz im Hals stark schlagen.

Die letzte halbe Stunde bin ich schon sehr

langsam und zunehmend unsicherer gefahren. Irgendetwas stimmt nicht mit mir.

Vor mir über Hannover sehe ich dunkle, schwarze Wolken. Mein Herz schlägt unruhig. „Was ist los mit mir?", frage ich mich. Minuten später fühle ich mich wieder wohler. Ich fahre weiter in Richtung Hannover und dort von der Autobahn ab. Eine innere Unruhe und das stark schlagende Herz verunsichern mich erneut. Vielleicht geht es mir besser, wenn ich spazieren gehe. Etwas Zeit habe ich noch, so könnte ich auch noch meinen Patenonkel und meine Tante besuchen. Im Ortsteil Kirchrode nahe dem Tiergarten parke ich mein Auto. Telefonisch versuche ich, sie zu erreichen. Doch sie melden sich nicht. Ich fühle mich wacklig auf den Beinen. Soll ich einen meiner Jugendfreunde besuchen? Als Hannoveraner habe ich meine Kindheit und Jugend dort verbracht. Vielleicht können sie mir helfen. Tausend Gedanken schießen mir durch den Kopf. Doch ich belasse es dabei und fahre weiter nach Braunschweig.

An der Ausfahrt Braunschweig-Nord verlasse ich die Autobahn. Zweimal muss ich fragen, dann erreiche ich den Burgplatz, wo sich das Hotel „Deutsches Haus" befindet. Hier soll die Pressekonferenz stattfinden.

Im Foyer des Hotels werde ich von der Veranstalterin empfangen. Ich setze ein Lachen auf, wo der Kongress stattfand. Wieder bereitete es mir Mühe, die Treppen zu den Tagungsräumen hinaufzugehen. Doch ich ließ mir nichts anmerken. Dabei hätte es weniger Worte bedurft, um von kompetenter Seite Ratschläge zu erhalten. Vielleicht hatte ich auch Angst, etwas zu erfahren, was mich in meiner Aktivität gehemmt hätte.

Neben den Vorträgen fand eine pharmazeutische und technische Ausstellung für Kinderärzte statt. An einem Stand wurde ich gebeten, meinen Finger in einen Pulsmesser zu halten. Das Ergebnis versetzte mich erneut in Unruhe. Der Puls sei sehr unregelmäßig. Von Doppelschlägen durchsetzt. „Sie sollten mal zum Arzt gehen", sagte mir der Herr vom Standpersonal. „Ja, ja, das werde ich tun", war meine Antwort. Der Schweiß lief mir den Rücken hinunter. Aber das konnte auch durch die stickige Luft in den Räumen hervorgerufen worden sein. Abgesehen davon war es ein schöner warmer Spätsommertag.

Während des Mittagessens stimmte ich mit unserem Herausgeber einige Termine ab und gab dann vor, doch noch heute nach Hause fahren zu müssen, da viel Arbeit auf mich wartete.

Die Heimfahrt von Wolfsburg nach Ratingen wurde zur Qual. Immer wieder wurde mir schwarz vor Augen und aufsteigende Hitze vermittelte mir das Gefühl, nur schwer Luft zu bekommen. An der Raststätte Hannover-Garbsen rief ich meine Frau an und sagte ihr, dass ich noch heute Abend nach Hause kommen würde. Ich sagte ihr aber nichts von meinem Zustand. Lediglich, dass es mir nicht allzu gut ginge.

Ich hatte jetzt nur noch einen Wunsch: Mein Zuhause zu erreichen. Und nach vielen Stunden mit diversen Unterbrechungen kam ich endlich an. Ich erzählte ihr von meinem Unwohlsein. „Nun wird es aber wirklich Zeit, zum Arzt zu gehen", war ihre Antwort. So besprachen wir, dass ich gleich am nächsten Morgen zur Untersuchung fahren sollte.

Intensivstation

15. September. Beim Aufstehen begann das Herz plötzlich schneller als bisher gefühlt zu schlagen. Ich bekam Angst und bat meine Frau, mich schnellstens zum Arzt zu fahren. Sie meinte, es sei besser, einen Krankenwagen anzufordern, der mich direkt nach Essen bringen könnte, wo meine Unterlagen von der letzten Untersuchung vorlagen. Sie bestellte telefonisch einen Krankenwagen über die Nummer 112, derweil ich mich hastig anzog. Der Krankenwagen ließ sich jedoch Zeit. Die innere Unruhe, Angst und das schnell schlagende Herz trieben mich auf die Straße. Bald darauf kam der Wagen. Der Fahrer und Begleiter erschienen erstaunt, mich angezogen mit einer hellen Cordjeans und einem mit großen Mustern versehenen Pullover auf der Straße vorzufinden. Da das von mir gewünschte Krankenhaus in Essen, also außerhalb unseres Bezirks lag, beschrieb ich ihnen den schnellsten Weg. Dort angekommen war meine Nervosität so stark, dass ich mich schleunigst auf die Toilette begeben musste, ohne jedoch jemandem Bescheid zu sagen. Ich wurde gesucht, gefunden und auf die Intensivstation gebracht.

Da lag ich nun fast ausgezogen und ange-schlossen an einem EKG-Gerät. Um mich herum

Ärzte und Schwestern. Ich fühlte mich unwohl in meiner Haut. Die Betten links von mir waren ebenfalls belegt. Es war das erste Mal, dass ich mich auf einer Intensivstation befand. Die Anwesenheit des mir bekannten Internisten beruhigte mich ein wenig. Es wird ja nicht so schlimm werden, dachte ich bei mir. Die Ärzte betrachteten den Monitor, der über mir auf einer Ablagefläche stand. Dann wurde mir ein Medikament gespritzt und ich bekam zusätzlich ein Beruhigungsmittel verabreicht.

„Sie brauchen sich keine Sorgen zu machen, wir werden Sie jetzt erst einmal ständig überwachen", sagte der Chefarzt. Dabei beließ er es zunächst einmal und ich konnte und musste mich mit meiner neuen Situation vertraut machen.

Kurze Zeit später traf meine Frau ein. Zuvor hatte sie die Kinder auf den Schulweg gebracht. Ich bemerkte, dass sie in Sorge war. „Was ist los mit mir?", fragte ich sie. „Die Ärzte können im Moment noch nichts Eindeutiges sagen", war ihre Antwort. „Wir müssen abwarten. Ich habe Dir Dein Waschzeug mitgebracht, da Du ja einige Tage zur Kontrolle hierbleiben sollst." Wir verabschiedeten uns bald darauf, da der Hund noch ausgeführt und das Mittagessen für die Kinder zubereitet werden musste.

Ich fühlte mich allein. Meine Gedanken fingen an zu kreisen. Eigentlich wollte ich sowieso diese Woche zum „Check-up" hierher kommen, wie mir ein ansässiger Landarzt am Urlaubsort vor drei Wochen dringend angeraten hatte. Ich hatte ihn auf das ständige Drängen meiner Frau hin aufgesucht, da ich meinen Beschwerden endlich auf den Grund gehen sollte.

Flach zu schlafen, wie es meine Gewohnheit war, konnte ich schon seit längerer Zeit nicht mehr. Jedes Mal kurz vor dem Einschlafen hatte ich das Gefühl, keine Luft mehr zu bekommen. Auch war ich während langer Spaziergänge schnell ermüdet und es war mir oft schwindelig. Trotzdem bin ich noch ausgiebig Fahrrad gefahren. Ich hatte den Eindruck, im Trainingsrückstand zu sein und versuchte, diesen durch sportliche Aktivitäten zu beheben. Auch Tennis hatten wir im Urlaub gespielt. Mit 46 Jahren sollte man ja noch fit sein!

Der Landarzt stellte einen unregelmäßigen Herzrhythmus und einen betonten zweiten Herzton sowie ein deutliches Diastolikum mit Maximum über den Erbschen Punkt fest. Auch über der Lunge konnte ein leises Giemen auskultiert werden. Das durchgeführte EKG wies einen AV-Block I Grades auf sowie eine deutliche linksventrikuläre Hypertrophie. Die Lungenfunktionsprüfung bescheinigte eine kombinierte restriktive und obstruktive Ventilationsstörung. Das Lungenvolumen betrug nur 2,8 Liter – so der Befundbericht, der uns Anfang September erreicht hatte.

In den vergangenen vierzehn Tagen hatte ich

noch verschiedene Geschäftsreisen mit dem Auto unternommen. Ich erinnerte mich an die Reifenpanne auf der Autobahn, die ich mit Mühen überstanden hatte. Aber auch, dass ich die Abende zu Hause nutzte, regelmäßig eine Runde von knapp fünf Kilometern im nahegelegenen Wald zu wandern. Wenn es dann leicht bergab ging, bin ich sogar gejoggt. Ich kam dann schon sehr schnell außer Atem und das Herz schlug mir bis zum Hals. Selbst das Schwimmen im Freibad ließ mich meinen Herzschlag stärker spüren. Waren wir eingeladen, hatte ich oftmals das Gefühl, nicht mehr in der Runde der Freunde lange stehen zu können. Mir war leicht schwindelig und ich war häufig schweißnass, so dass eine Sitzgelegenheit stets willkommen war.

Zu Hause hatte ich regelmäßig meinen Blutdruck gemessen, wobei mir die große Differenz zwischen dem ersten und zweiten Wert auffiel. Manchmal 180 zu 40 mm/Hg. Vielleicht war es ein sportlich trainiertes Herz, was in mir schlug?

Und nun lag ich hier und es schien mir, als ob die behandelnden Ärzte keinen Ansatzpunkt für eine schnelle Heilung fanden.

Am gleichen Tag wurde eine Röntgenaufnahme gemacht. Es folgte eine Ruhe-Spirometrie, die von einer forcierten Vitalkapazität von nur 2,4 l ausging, und abends wurde noch ein EKG geschrieben.

Am folgenden Morgen bat ich den Stationsarzt,

zum Waschen aufstehen zu dürfen. Er ließ mich gewähren. Ich war froh darum, denn ich fühlte mich auf der Intensivstation gefangen und gefesselt. Es wurden jeweils morgens und abends EKG-Streifen aufgezeichnet, mir Medikamente verabreicht, und weiterhin wurde ich ruhiggestellt. Die Ärzte sprachen von einem Herzvitium (Herzfehler).

Ich bekam Besuch von einer Mitarbeiterin unseres Verlages. Sie hatte wichtige Akten in ihrer Tasche mitgebracht. Soweit ich konnte, beantwortete ich alle Fragen und gab noch einige Anweisungen für die nächste Ausgabe unserer Fachzeitung. Meine Frau war morgens und abends bei mir. Zu Hause musste ja auch alles seinen Gang gehen.

Ich hörte viel Radio mittels eines Kopfhörers. Gebannt verfolgte ich die Barschel-Affäre. Sie war eines der wenigen Ereignisse, die ich während meines Aufenthaltes auf der Intensivstation mitbekam. Ich beobachtet die anderen Patienten, die sicherlich viel kränker waren als ich und die Tätigkeiten der Ärzte und Schwestern um mich herum. Ich durfte aufstehen, wenn ich zur Toilette musste. Langsam gewöhnte ich mich an meinen Zustand; jedoch immer in der Hoffnung, bald nach Hause kommen zu dürfen.

19. September. Der Geburtstag meiner Frau. Um 11.00 Uhr wird ein EKG geschrieben. Die ventrikulären Extrasystolen werden eingekreist.

Medikamente werden verabreicht. Das Beruhigungsmittel tut seine Wirkung. Ich fühle mich insgesamt schwächer. Nun kann ich nur noch im Rollstuhl zur Toilette gefahren werden.

Als meine Frau kommt, bin ich traurig, denn ich kann ihre keine Blumen, geschweige ein Geschenk überreichen. Zu ihrem Geburtstag und dann auch noch krank. Ich war wütend auf mich, weil ich nicht handeln konnte.

Wieder Visite, wieder Fragen, wieder keine Antworten. Ein Herzfehler, kein Sinusrhythmus. Meine Frau fährt nach Hause und ich höre wieder Radio. Wie sie ihren Geburtstag weiter verlebt, weiß ich nicht mehr. Das Beruhigungsmittel löscht Vieles aus.

Am Abend werden kurz hintereinander zwei EKG-Streifen geschrieben. Bei späterer Begutachtung der Unterlagen stellte ich fest, dass mein Herz sehr langsam geschlagen haben muss.

Die Tage vergehen. Ich registriere das Treiben um mich herum immer weniger.

24. September. Ich werde in einen anderen Raum der Intensivstation verlegt, in dem ich alleine liege. Draußen im Garten blühen Herbstblumen. Meine Frau kommt mich besuchen. Gestützt kann ich zum Fenster gehen und sehe unseren Dackel, der am Gartenzaun angeleint ist. Sie erzählt mir, was sich zu Hause ereignet hat. Unser nicht volljähriger Sohn hat sich meinen Autoschlüssel genommen

und hat den Wagen vom Hausparkplatz auf die Straße gefahren. Ein Nachbar soll sich darüber beschwert haben. Ich bemerke wieder meine aufgezwungene Unfähigkeit zu handeln. Das macht mich nervös und nagt im Innern. „Es wird schon alles gut gehen." Mit diesen Worten verlässt mich meine Frau.

Es muss gegen 22.00 Uhr gewesen sein, als plötzlich mein Herz zu rasen anfing. Panische Angst ergreift mich. Ich sehe auf den Monitor, der neben mir auf dem Nachttisch steht. Die Zacken reihen sich eng aneinander und zerfließen. Ich drücke den Alarmknopf und dann wird mir schwarz vor Augen. Ich muss wohl das Bewusstsein verloren haben.

Dem Arztbericht entnehme ich Monate später, dass es zum plötzlichen Kammerflimmern mit Erbrechen und Schockzustand gekommen ist, das mit entsprechenden Reanimationsmaßnahmen gut beherrscht werden konnte. In der Nacht wurden noch Röntgenaufnahmen im Bett gemacht sowie diverse EKG-Streifen geschrieben.

Am nächsten Morgen, als ich aufwachte, befand ich mich wieder in dem Raum auf der Intensivstation, in dem ich vorher gelegen hatte. Eine Schwester sitzt an meinem Bett. Sie hat Tränen in den Augen. „Sie haben gekämpft", sagt sie und fährt fort: „Sie wiederholten ständig: Ich will nicht sterben." Erst später begreife ich, dass ich wiederbelebt wurde. Heute erinnert daran noch eine kleine Unebenheit am Schneidezahn, die beim Zubeißen auf den Tubus entstanden sein muss.

Ich bat die Schwester, einen Pfleger kommen zu lassen, da ich das Bedürfnis hatte, auf die Toilette zu gehen. Es war mir unangenehm, nicht aufstehen zu können und nun um die Bettpfanne bitten zu müssen. Der Pfleger erfüllte mir meinen Wunsch. Die ganze nervliche Anspannung entlud sich.

Die Tage vergingen. Im Radio hörte ich, dass eine bekannte Persönlichkeit am Juister Strand tot aufgefunden wurde. Als Todesursache: Herzschlag. Auf meiner Lieblingsinsel am Meer zu sterben, empfand ich als einen schönen Tod. Obwohl es nur eine Nachricht war, hat sie sich in meinem Kopf festgesetzt.

28. September. Meine Frau kommt mit unserem Testament auf die Intensivstation. Sie erklärt mir warum. Ich begreife nichts mehr so recht und unterschreibe. Die Dosis des Beruhigungsmittels muss wohl erhöht worden sein. Später erzählte sie mir, dass die Ärzte mir nur noch wenige Überlebenschancen eingeräumt hätten. So wäre es besser gewesen, rechtzeitig an ein Testament zu denken.

Herzkatheter

1. Oktober. Ich werde mit einem Krankenwagen zur Herzkatheteruntersuchung in das Elisabeth-Krankenhaus gebracht. Erinnern kann ich mich nur noch an einen Raum, der in schwarz gehalten war. Man legte mich auf eine Art Operationstisch. Dann erschien der Chefarzt der Kardiologie. Nach der Begrüßung erklärte er mir den Vorgang der Untersuchungstechnik. Hätte er nichts erklärt, so hätte ich dieses ebenfalls akzeptiert. Denn ich war nicht mehr imstande, es zu begreifen.

„Wir werden jetzt durch die Einstichstelle über eine Arterie in der Leiste einen dünnen biegsamen Plastikschlauch (Katheter) einführen. Davon werden Sie nichts merken, denn wir werden die Einstichstelle örtlich betäuben. Sollten Sie dennoch Schmerzen haben, so sagen Sie es. Der Katheter wird dann über den venösen Blutstrom bis zur rechten Herzhälfte, ein zweiter über die Hauptschlagader in Gegenstromrichtung bis zur Aortenklappe vorgeschoben. Von dort aus werden wir ein Röntgenkontrastmittel einmal in die linke und dann in die rechte Herzkammer spritzen. Anschließend messen wir die Druckwerte in den beiden Herzhöhlen.

Aus diesen Daten können wir dann ersehen,

was bei Ihnen vorliegt. Die Untersuchung werden wir filmen."

„Jetzt wird es Ihnen sehr warm werden", sagte der Arzt. Im gleichen Moment spürte ich eine große Hitze in mir aufsteigen. Wie lange die Untersuchung dauerte, weiß ich nicht mehr. Irgendwann bekam ich einen kleinen aber schweren Gegenstand auf meinen Oberschenkel gelegt. „Bitte verhalten Sie sich ruhig", bedeutete mir die Schwester. Dann hörte ich die Worte des Arztes: „Nach Houston", sagte er, „schaffen Sie es nicht mehr. Auch Genf ist zu weit. Sie müssen sofort operiert werden. Ich werde Sie noch heute in Bad Oeynhausen anmelden. Sie haben eine schwere Aorteninsuffizienz! Wir konnten anhand des Rückflusses des Röntgenkontrastmittels durch die erkrankte Aortenklappe in die linke Herzkammer das Ausmaß Ihrer Erkrankung feststellen."

Was dieses für mich bedeutete, war nicht bis in mein Bewusstsein gelangt. Dazu war ich schon zu apathisch geworden.

Ich wurde auf die Intensivstation des Krankenhauses gebracht. In einer Nische des riesigen Raumes beobachtete ich hektisches Treiben. Es lagen wohl zehn oder mehr Patienten dort. Verunfallte Personen, die schnellstens behandelt werden mussten.

Ich verhielt mich, wie befohlen, ruhig. Der Sandsack auf meinem Oberschenkel sollte die durch die Einführung des Katheters geöffnete Arterie schnell wieder schließen.

Am Nachmittag wurde ich zurückverlegt auf die Intensivstation des Heimatkrankenhauses, auf der ich mittlerweile 17 Tage verbracht hatte.

Die Zeit vor der Operation

2. Oktober, ein Freitag. Meine Frau kommt mit einem Johanniter-Krankenwagen zum Krankenhaus. Ich werde für die Fahrt zum Herzzentrum Nordrhein-Westfalen vorbereitet. Die Ärzte begleiten mich bis zum Krankenwagen. Später erzählt mir meine Frau, dass das Ärzteteam froh war, mich unter der Obhut des Herzzentrums zu wissen.

Ich liege angeschnallt auf der Trage. Die rückwärtige Tür des Wagens wird zugeschlagen. Meine Frau nimmt Platz auf dem Sitz neben mir. Die Fahrt, so erfahre ich später, stand unter großer Anspannung. Es hätte viel passieren können!

Auf der Fahrt schlafe ich viel. Meine Frau hält mir die Hand. Hin und wieder unterhalten wir uns. Über was, kann ich nicht sagen. Milchige Scheiben verhindern den Blick nach draußen. Lediglich durch einen Schlitz an der oberen Fensterscheibe kann ich den Himmel sehen und der ist herbstlich blau.

In Bad Oeynhausen angekommen, werde ich in ein Zweibettzimmer gelegt. Ein Pfarrer ist mein Bettnachbar. Nach der Visite des Professors, Untersuchung, Blutentnahme und einer Injektion wird mir ein Langzeit-EKG angelegt.

Meine Frau ist in der Zwischenzeit mit dem

Johanniter-Krankenwagen wieder nach Hause gefahren, da der Chefarzt der Ansicht war, dass sie mir im Moment nicht helfen könne. Außerdem fühlte sie mich in guten Händen und die Kinder brauchten sie jetzt umso mehr.

Die Herzklappenoperation wurde auf den Montagmorgen angesetzt, da die durchgeführten Untersuchungen sowie der Film der Angiographie, der mit meinen Krankenunterlagen zur Verfügung stand, dieses offensichtlich zuließen.

Ich selbst habe sehr wenig davon mitbekommen: Das starke Beruhigungsmittel, welches mir bereits seit siebzehn Tagen verabreicht wurde, hat mich nun langsam aber sicher außer Gefecht gesetzt. So muss die Unterhaltung mit meinem Bettnachbarn entsprechend ausgefallen sein, was ich später von den Schwestern erfuhr. Ein zum Teil verwirrendes Gespräch.

Das Wochenende verlief wie der erste Tag im Herzzentrum. Zwei weitere Langzeit-EKGs wurden angelegt, sowie weitere Untersuchungen durchgeführt, und ich wurde auf die Operation vorbereitet. Irgendwann muss ich noch die Einverständniserklärung zur Operation unterschrieben haben. Man erklärte mir die möglichen Risiken, begriffen habe ich sie nicht mehr.

Die Operation

5. Oktober. Ich werde operiert.

Diagnose: „Aortenvitium (Praktisch reine Aortenklappeninsuffizienz bei erheblich verändertem Klappenapparat, klinischer Schweregrad III-IV)."

Befund: „Es handelt sich um ein erheblich vergrößertes Herz mit ausgeprägter Neigung zu supraventrikulärer und ventrikulärer Extrasystolie. Die Aorta ascendens ist kaliberstark, im Bereich der Wurzel tastet man ein deutliches diastolisches Schwirren."

Operative Maßnahmen: Da die Eingriffe an erkrankten Herzklappen am eröffneten Herzen vorgenommen werden, müssen das Herz wie auch der Lungenkreislauf für die Dauer des Eingriffes vorübergehend aus dem Körperkreislauf ausgeschaltet werden.

Das geschieht mittels einer Herz-Lungen-Maschine. Diese übernimmt nun die Pumpleistung des Herzens und die Atemarbeit der Lunge. Das gesamte Blut wird über Schläuche dem Körper entnommen und der Herz-Lungen-Maschine zugeführt. Das Blut wird nach Anreicherung mit Sauerstoff dem großen Blutkreislauf über die Hauptschlagader wieder zugeführt. Zuvor durchfließt das Blut einen Wärmeaustauscher, so dass die Temperatur des Körpers konstant gehalten werden kann.

Um an das Herz heranzukommen, wird das Brustbein der Länge nach durchtrennt. Die Herz-Lungen-Maschine wird angeschlossen, danach wird das Herz durch das Abklemmen der Aorta aus dem Kreislauf ausgeschaltet und mit Hilfe einer Schutzlösung stillgelegt. Es wird dann gekühlt und vor Sauerstoffmangelschäden bewahrt.

„Man sieht", – so der Operationsbericht – „dass es sich um einen ursprünglich pseudobivalvulär (zwei- anstatt dreiflügelige Klappe) angelegten Klappenapparat gehandelt hat, wobei jetzt die beiden Taschen geschrumpft sind und insbesondere die nicht-koronartragende Tasche durchhängt. Dadurch kommt die erhebliche Aortenklappeninsuffizienz zustande. Die Klappe kann exzidiert werden. Die Herzklappenprothese wird mit Kunststoff-Fäden eingenäht. Nach Wiedereröffnen der Aortenklemme nimmt das Herz spontan seine Aktion auf. Der Herzbeutel wird vernäht."

Die Arbeit des Herzens wird anschließend über eine gewisse Zeit durch die Herz-Lungen-Maschine unterstützt. An den Herzmuskel wird eine Elektrode gelegt und das Kabel durch die Haut nach außen geführt. Dieses ist notwendig, falls das Herz vorübergehend mit einem Schrittmacher angeregt werden muss.

Anschließend wird das Brustbein mit sechs Sternumdrähten verschlossen und die Wunde vernäht.

Therapie: „Excision der Aortenklappe und Ersatz derselben durch eine SJM-Doppelflügelkippscheibenventilprothese (St. Jude-Medical-Prothese) der Größe A 27."

Der Preis dieser lebensrettenden künstlichen Herzklappe betrug DM 5.150,-.

Die Tage nach der Operation

I rgendwann am Nachmittag oder Abend bin ich aufgewacht. Ich sehe vor mir oben eine an der Wand angebrachte Uhr, die wie eine Bahnhofsuhr aussieht. Die Zeiger erkenne ich, nehme aber die Uhrzeit nicht wahr. Mein Mund wird mit einem feuchten Wattestäbchen betupft. Der Professor steht an meinem Bett, und ich merke, dass seine Hand meine Hand berührt. „Herzlichen Glückwunsch, Sie haben es geschafft", sind seine Worte. Worte, die ich aufnehme und die mich beruhigen. Ich schlafe wieder ein.

Meine Frau hat diesen Tag zu Hause verbracht. Wie ich später erfahre, wurde sie ständig über den Verlauf der Operation und über meinen Zustand telefonisch unterrichtet. Welche Qualen sie durchlitten hat, kann man nur erahnen. Hoffen und Bangen zwischen Leben und Tod.

Kleine Eiswürfel werden mir in den Mund geschoben. Das tut gut. Eine kleine zierliche Schwester der Intensivstation beugt sich über mich. Ich spüre ihre Nähe und ihre Brust und empfinde so etwas wie wiedergewonnenes Leben. Ob es Nacht oder Tag ist, weiß ich nicht. Die Räume sind durch die Neonlampen taghell erleuchtet.

6. Oktober. Nun werde ich in einen anderen Raum der Intensivstation verlegt, in dem bereits ein frisch

operierter Mann liegt. Wie sich später herausstellt, werden wir gemeinsam die kommenden Tage in einem Krankenzimmer verbringen.

Meine Frau kommt in das Herzzentrum, um mich endlich wiederzusehen. Sie sitzt an meinem Bett und hält mir die Hand. Ich spüre die Wärme ihrer Hände, die mich langsam durchflutet. Wir reden nicht; aber ich bin glücklich. Ob sie eine Stunde oder länger bei mir war, weiß ich nicht. Ich hatte das Gefühl, es geschafft zu haben.

Irgendwann wird das Bett, in dem ich liege, in verschiedene Richtungen nach oben und unten geschwenkt. Mir wird schwindelig. Es ist einer der wenigen unangenehmen Momente auf der Intensivstation, an die ich mich erinnere.

7. Oktober. Meine Verlegung auf die Kranken-station ist erfolgt. Ein freundliches Zweibettzimmer mit Blick ins Grüne. Mein Bettnachbar ist schon da. Wir begrüßen uns. Ein längeres Gespräch kommt jedoch noch nicht zustande.

Wir sind fast gleichaltrig und haben beide am gleichen Tag eine künstliche Aortenklappe erhalten.

Visite. Der Stationsarzt stellt sich uns vor. Er erklärt uns, was mit uns in nächster Zeit durch-geführt wird. Eine Dauertropfinfusion sowie ein Langzeit-Elektrokardiogramm werden angelegt.

Neben mir auf dem Nachttisch steht eine große, dicke Flasche, die halb mit Wasser gefüllt ist.

Diese Wasserflasche, so wird mir erklärt, dient zur Inhalationstherapie, die ich die kommenden zehn Tage täglich mehrmals durchführen soll. Notwendig ist dieses, um die Lunge zu belüften. Durch einen langen Schlauch, der in der Wasserflasche endet, wird eine gewisse Zeitlang hindurchgeblasen und das zehn- bis zwanzigmal hintereinander.

Die erste krankengymnastische Ganzbehandlung erfolgte noch am gleichen Tag. Meine Muskulatur muss mittlerweile sehr geschwächt sein, denn ich liege nun fünfundzwanzig Tage im Bett. Die Bewegungstherapie, die anfangs im Liegen durchgeführt wird, ist wichtig, um der Bildung von Gerinnseln vorzubeugen.

Am Abend schaut der Chefarzt zu uns herein. Seine Worte sind ermutigend: „Alles läuft so, wie wir es uns vorgestellt haben." Er zeigt uns nun ein Muster der künstlichen Herzklappe und erklärt uns, wie die Ersatzklappe eingesetzt wurde. Nacheinander nehmen wir die künstliche Herzklappe in die Hand und betrachten das kleine kreisrunde Gebilde mit zwei Flügeln, die wie Schwingtüren eines Saloons aussehen. „Und da Sie nun einen Herzklappenersatz haben, müssen Sie gerinnungshemmende Mittel einnehmen und zwar das ganze Leben lang", fährt er fort. „Ein an der Klappe entstehendes Gerinnsel kann zur Öffnungs- oder Schließunfähigkeit derselben führen. Und um dieses zu verhindern, muss die

Gerinnungsneigung des Blutes herabgesetzt werden." Seine Worte erreichen mich, aber nicht die Botschaft, die er vermitteln will.

8. Oktober. Meine Frau kommt mit dem Zug, um mich wieder zu besuchen. Es ist eine umständliche Reise für sie. Erst mit der S-Bahn nach Essen, dann weiter mit einem IC nach Bielefeld, dort umsteigen und mit einem Eilzug nach Bad Oeynhausen.

Am Spätnachmittag werden die Drainage-Schläuche gezogen. Meine Frau wartet draußen. Ich muss beim Ziehen der Schläuche solch einen Schrei ausgestoßen haben, dass sie sich sehr erschrocken hat. Die Schwester hat sie jedoch beruhigt. Für mich war es ein Gefühl, als ob einem die Gedärme aus dem Leib gerissen werden. Doch ich war endlich von fast allen Schläuchen befreit. Meine Gesundung muss wohl Fortschritte gemacht haben.

10. Oktober. Die Bewegungstherapie erfolgt schon im Sitzen und die ersten Stehversuche werden unternommen.

Unangenehm jedoch der erste Versuch, den Toilettenstuhl zu benutzen. Man darf nicht pressen und muss sich zudem noch ein Kissen vor die Brust halten. Ganz zu schweigen davon, dass der Stuhl neben dem Bett steht und man nicht alleine ist. Doch am nächsten Tag ist der Gang zur Toilette erlaubt. Das kleine Kissen ist jetzt dorthin der ständige Begleiter.

Unsere Tochter ist mit meiner Frau mitgekommen. Sie steht am Kopfende meines Bettes und hält ein großes Lebkuchenherz, so wie man es auf der Kirmes kaufen kann, in ihrer Hand. Auf dem Lebkuchenherz steht in weißer Schrift „Komm bitte heim". Als ich dieses lese und sie dabei ansehe, schießen mit die Tränen in die Augen. Nur mit Mühe kann ich mich fassen. Es war ja mittlerweile soviel geschehen und es stand sicherlich noch Vieles auf des Messers Schneide.

Allzu lange dauerte der Besuch nicht, denn es war für mich immer noch anstrengend, sich intensiv zu unterhalten. Natürlich war unsere Tochter an den Geräten interessiert, die auf dem Nachttisch und zwischen den beiden Betten standen. Mit elf Jahren ist ein Kind noch sehr ungezwungen und betrachtet die Dinge aus anderer Sicht als wir Erwachsenen. Wir unterhielten uns noch eine geraume Zeit. Bald darauf hieß es Abschied nehmen, denn es stand den beiden noch eine lange Heimfahrt bevor.

11. Oktober. Das morgendliche und abendliche Waschen ist nun im Badezimmer gestattet. Welche Wohltat! Im Spiegel sehe ich zum ersten Mal die große Narbe, die rot leuchtet. Da die Brusthaare abrasiert sind, fällt sie doppelt stark auf. Wie das wohl später einmal aussehen wird? Lediglich das Zähneputzen macht noch ein wenig Schwierigkeiten. Ich habe das Gefühl, dass sich die

Rippen aneinander reiben. Also bewege ich nicht die Zahnbürste hin und her, sondern meinen Kopf. Bald jedoch habe ich mich auch daran gewöhnt und putze die Zähne wie ehedem.

Die Tage vergehen. Die Beinmuskulatur kehrt langsam wieder zurück. Die tägliche Inhalationstherapie stärkt zunehmend die Lungen. Störend für mich sind jedoch die Herzrhythmusstörungen, die ich nun immer bewusster wahrnehme. So wird mir ein EKG angelegt, um die Art der Rhythmusstörungen festzustellen.

Mittlerweile nehme ich auch meine Umgebung richtig wahr. Die Gespräche mit meinem Zimmergenossen werden intensiver. Wir beide sind beruflich selbstständig und haben ähnliche Probleme, die nun in den Mittelpunkt unserer Diskussion treten. Was ist, wenn man als Selbstständiger nicht mehr die Kraft hat, aktiv zusein, um den beruflichen Erfordernissen gerecht zu werden? Die Ärzte machen uns Mut: „Sie werden sehen, dass Sie in einigen Monaten alles durchstanden haben. Sie sind ja noch jung." Tröstende Worte, die Unsicherheit jedoch bleibt bestehen.

14. Oktober. Der erste Spaziergang an der frischen Luft. Was für ein herrlicher Tag! Ich setze mich vor dem Herzzentrum auf eine Bank. Die Oktobersonne wärmt noch. Die herbstlichen Blätter begeistern mich. Das Leben hat mich wieder.

Neben mir auf der Bank sitzt eine mir bekannte Person. „Schön, dass Sie unserer Einladung gefolgt sind." Ich schaue ihn erstaunt an. „Wieso Einladung? Davon weiß ich nichts. Ich bin vor zehn Tagen hier operiert worden." Der Gesichtsausdruck meines Gegenübers drückt großes Erstaunen aus. „Das gibt es nicht! Kommen Sie mit, das müssen wir den Medizinjournalisten, die in der Halle warten, erzählen." Da ich eine Reihe meiner Kollegen kenne, werde ich mit Hallo begrüßt. Natürlich muss ich meine Narbe zeigen. Erst jetzt habe ich sie überzeugt.

Ein wenig später kommt der Chefarzt, der zu einer Pressekonferenz zu einem bestimmten chirurgisch-kardiologischen Thema eingeladen hatte. Auf mich zeigend sagte er: „Sie wollte ich eigentlich als den typischen Herzklappenpatienten mit Herzrhythmusstörungen vorstellen." „Gut, dass Sie es nicht getan haben", war meine Antwort. „Sie hätten ein reges Echo erhalten."

Wenn es auch nur ein unbedeutendes Ereignis war, für mich bedeutete es sehr viel. Ich konnte wieder am Leben teilnehmen.

Am Spätnachmittag besuchte mich meine Frau im Herzzentrum. Da wir nicht wussten, wie lange meine Krankheit dauern würde, hatte sie ihre Übersetzungstätigkeit wieder aufgenommen. Es musste ja Geld verdient werden. Auf mich konnten wir für die nächsten Monate nicht zählen.

Nun saßen wir schon am Tisch und unterhielten uns. Nächste Woche sollte ich in das Heimatkrankenhaus nach Essen verlegt werden. Und dann stand ja bald der Aufenthalt in einer Rehabilitationsklinik auf dem Programm.

15. Oktober. Heute erfolgt die Abschlusskontrolle mit vielen Untersuchungen. Die Wundheilung, so der Bericht, erfolgt bestens. Die Fäden werden gekappt. Es piekst ein wenig. Dann wird die Schrittmachersonde gezogen, was nur mit einem kurzen unangenehmen Gefühl verbunden ist. Es folgt eine Röntgenuntersuchung des Brustkorbs von vorne und von der Seite. Keine Stauungsanzeichen. Die Herzvergrößerung besteht noch und die Ersatzklappe stellt sich typisch dar. Da die Herzrhythmusstörungen noch bestehen, wird ein weiteres EKG geschrieben. Die zahlreichen Extraschläge werden auch erfasst. Die Laborwerte sind fast alle im Normbereich. Das durchgeführte Echokardiogramm gibt keinen Anhalt dafür, dass die neue Herzklappe fehlerhaft arbeitet.

Und abends gibt es das erste Bier. Mein Zimmergenosse und ich sitzen im Bett und genießen in langsamen Zügen das kühle Nass. Die Schwestern betrachten uns, als ob sie Spaß daran hätten, wie uns langsam das Leben wieder hat.

Eine Schwester erzählt mir dann, wie verwirrt ich war, als ich eingeliefert wurde. Ich hätte viel Unsinn erzählt. Es war sicherlich die hohe Dosis des Beruhigungsmittels. Im Nachhinein weiß ich, dass es richtig war, mich ruhig zu stellen. Meine Angst und auch meine Nervosität hätten vielleicht Manches noch verschlimmert. Ich bekomme noch täglich morgens ein leichtes Beruhigungsmittel, da ich vom Typ her eher nervös auf alle Aktivitäten der Ärzte um mich herum reagiere.

16. Oktober. Die letzte Inhalationstherapie und Krankengymnastik stehen auf dem Programm. Dann bittet mich der Stationsarzt in sein Zimmer. Er möchte mir den Film meiner Herzkatheteruntersuchung zeigen. Es sind nur wenige, aber spannende Minuten. Er zeigt mir meine Herzkranzgefäße, die, so der Stationsarzt, alle frei und ohne Ablagerungen seien. „Damit können Sie zufrieden sein." Dann erklärt er mir das Leck meiner Herzklappe und zeigt, wie das Blut ungehindert aus dem Herzen in den Blutkreislauf transportiert wurde und wie ein Teil des Blutes in die Herzkammer zurückfloss. „Ihr Herz muss schon seit längerem große Mehrarbeit geleistet haben. Aufgrund der sich anbahnenden Herzmuskelschwäche hätten Sie bald Wasser in die Lunge bekommen. Die Operation wäre wesentlich schwieriger und risikoreicher geworden." Gott sei Dank war alles rechtzeitig erkannt worden.

Danach Spaziergang im Park hinter dem Herzzentrum. Mein Zimmergenosse und ich genießen die Herbstsonne und wir unterhalten uns und immer wieder kommt das Gespräch auf die Zukunft.

Der Sozialdienst des Herzzentrums hat sich bei mir gemeldet. Eine Rehabilitationsmaßnahme im Anschluss an den Krankenhausaufenthalt wird mir empfohlen. Vorgeschlagen für die Anschluss- heilbehandlung werden zwei Kliniken, die eine in Bad Salzuflen, die andere in Bad Berleburg. Ich muss mich entscheiden. Da jetzt die Winterzeit ansteht, trifft meine Wahl auf Bad Berleburg im Rothaargebirge, das fünfhundert Meter hoch liegt und ich auf Schnee hoffe. Landschaftlich, so wurde mir gesagt, soll es dort ganz idyllisch sein.

Die Aufnahme kann jedoch nicht sofort erfolgen, da zur Zeit kein Bett frei ist, denn die Klinik ist sehr begehrt. So soll ich erst einmal in das Heimatkrankenhaus zur Weiterbehandlung verlegt werden und dort auf eine Zusage warten. Die entsprechenden Bescheinigungen des Sozial- dienstes werden an die Krankenkasse und an die Zusatzkasse geschickt. Der Antrag zur Ab- schlussheilbehandlung an die Bundesversiche- rungsanstalt für Angestellte wird ausgefüllt und nach Berlin gesandt.

Noch kann ich mich damit nicht anfreunden, in eine Reha-Klinik zu gehen. Lieber würde ich nach Hause fahren und mich dort pflegen. Ich fühle mich sehr gestärkt und auch wieder aktiv.

Rehabilitation, so wird mir erklärt, dient nicht nur

zur Lebensverlängerung, sondern ist auch auf eine Verbesserung der Lebensqualität ausgerichtet. Natürlich ist auch die Wiedereingliederung in den Beruf ein wesentliches Ziel dieser Maßnahme. Als nunmehr chronisch Kranker sei es wichtig, mit der neuen Lebenssituation nach Herzklappenersatz umgehen zu können. Im Grunde ein neues Leben zu erlernen.

19. Oktober. Das vergangene Wochenende verbrachten mein Zimmergenosse und ich gemeinsam mit Spaziergängen und ausgiebigen Gesprächen. Das Essen und das Fläschchen Bier am Abend schmeckten uns und wir verlebten diese beiden Tage ohne therapeutische Maßnahmen.

Die letzte Visite vom Chefarzt. Er wünschte uns viel Glück. Von seiner Seite sei alles Machbare getan, sagte er uns zum Abschied. Es sei für ihn auch interessant gewesen, zwei fast gleichaltrige Patienten, die auch am gleichen Tag operiert worden seien, über einen Zeitraum von fünfzehn Tagen zu betreuen. Fast identisch sei die Heilung vorangeschritten.

Zurück ins Heimatkrankenhaus

20. Oktober. Das Taxi wartete. Mein Zimmergenosse und ich fuhren gemeinsam nach Essen, beide jedoch in verschiedene Krankenhäuser. Nachdem das Gepäck verstaut worden war und wir uns von den Schwestern und Stationsärzten verabschiedet hatten, fuhren wir in einen herrlichen Herbsttag hinein. Ich kann mich noch heute an die prächtige Färbung der Blätter längs der Autobahn erinnern. Ich genoss den Anblick. Kräftiger als je zuvor erschien mir das Gelb oder Rot der Blätter.

In Essen verabschiedeten wir uns in der Gewissheit, uns in Bad Berleburg wiederzusehen. Meine Fahrt endete im so genannten Heimatkrankenhaus. Man erwartete mich schon und wollte mich auf die Intensivstation legen. In diesem Moment brach für mich die Welt zusammen. „Wieso Intensivstation?", fragte ich. „In Bad Oeynhausen bin ich die letzte Zeit täglich eine halbe Stunde lang und mehr im Freien spazieren gegangen. Ich fühle mich gut und habe kein Interesse, mich erneut intensiv behandeln zu lassen." Nachdem ich dieses klargestellt hatte, wurde ich auf die internistische Station in ein Zweibettzimmer gelegt. Es war schon ein Unterschied zwischen diesen beiden Krankenhäusern. Hier hatte man wirklich das Gefühl, wieder krank zu sein. Nun war ich gespannt, was sie mit mir machen würden.

Bald darauf erschien meine Frau und sie war froh, mich wieder in der Nähe zu haben. Jetzt konnten wir uns täglich sehen. Telefoniert hatten wir zwar jeden Tag; aber jetzt war es doch etwas Anderes. Und die Hoffnung war da, dass es weiter bergauf ging.

Sie brachte mir Zeitschriften mit, damit die Langweile nicht allzu groß werden würde. Nun fehlte nur noch das Telefon am Bett. Es ließ lange auf sich warten. Der Anschluss zum Leben und zum Büro war geschaffen.

Noch am gleichen Tag wird ein Ruhe-EKG geschrieben.

21. Oktober. Eine Krankengymnastin lässt mich zu Übungszwecken die Stufen zur nächsten Etage hochgehen. Ich bemerke, dass mich das Treppensteigen doch mehr anstrengt, als ich es mir vorgestellt habe. In der Herzklinik hatte ich den Fahrstuhl benutzt. Ansonsten war dort alles eben. Nach dem Treppensteigen wird der Blutdruck gemessen. Ganz zufrieden war man mit den Werten wohl nicht. Diese Übung wiederholte sich an den kommenden Tagen mit zunehmendem Erfolg.

22. Oktober. Ich muss zur Röntgenabteilung. Eine Thoraxaufnahme soll gemacht werden. Wie im Herzzentrum vorne und von der Seite. Warum

dies so kurz hintereinander durchgeführt wurde, vermag ich nicht zu sagen. Vielleicht gehörte es zur Befunderhebung. Ich hatte wenig Ahnung von dem notwendigen Muss und von dem, was überflüssig ist. So ließ ich sie gewähren.

Später wurde mir klar, dass diese Röntgenkontrolle überflüssig war, denn in der Reha-Klinik in Bad Berleburg wurde ich gefragt, ob weitere Röntgenaufnahmen nach der Herzklappenoperation von mir angefertigt wurden. Ich bestätigte dies, und die Röntgenaufnahmen vom „Heimatkrankenhaus" wurden für eine Befundung von Fremdaufnahmen angefordert. Ein weiteres Röntgen konnte so vermieden werden.

Insgesamt wurde ich zwischen dem 15. September und 22. Oktober achtmal geröntgt.

24. Oktober. Es ist ein Samstag. Der erste große Lichtblick! Ich darf für einen Tag nach Hause! Meine Frau holt mich vormittags ab. Nach neununddreißig Tagen gehe ich langsam aber ohne sichtliche Anstrengung unsere vierundsechzig Stufen zu unserer Wohnung hoch. Ich bin aufgeregt. „Herzlich Willkommen" steht außen an der Wohnungstür. Meine Kinder begrüßen mich. Unser Dackel Krümel ist außer sich vor Freude. Er zieht bellend seine Kreise um mich herum. Es ist schön, wieder daheim zu sein und seine Familie um sich zu haben.

Ein gemeinsames Mittagessen. Wie lange habe

ich darauf gewartet! Natürlich gibt es viel zu erzählen und es werden ganz andere Themen besprochen als im Krankenhaus mit meiner Frau. Unser Sohn will sein Praktikum von der Schule aus am Flughafen Düsseldorf machen. Die Idee finde ich prima. Ansonsten geht alles seinen Gang.

Nach dem Mittagessen lege ich mich hin, da die Aufregung des Wiedersehens zu Hause mich doch mehr angestrengt hat, als ich es wahrhaben wollte. Ich strecke mich in meinem Bett nach langer Zeit wieder aus. Wie gut das tut. Irgendwann später kommt meine Frau zu mir. Endlich alleine! Es wird eine schöne Stunde.

Wie der Chefarzt der Inneren angeordnet hat, bin ich abends wieder im Krankenhaus. Aber widerwillig! Den Sonntag verbringe ich lesend sowie mit ständigem Auf- und Abgehen auf dem Gang der Station, aber auch das trainierende Treppensteigen vernachlässige ich nicht. Mein Ziel war es, schnell wieder fit zu werden.

25. Oktober. Ich erhalte die ersten Anrufe von Geschäftsfreunden. Wie es mir so ginge und ob ich den Herzinfarkt gut überstanden hätte. Allen musste ich zunächst erklären, dass es sich nicht um einen Herzinfarkt, sondern um einen Herzklappenersatz gehandelt hat. „Dass es so etwas gibt!", war von vielen die Antwort. Ich stellte aufgrund der Gespräche fest, dass eine Herzklappenoperation ein wohl selteneres

Ereignis sein muss und damit für den Zuhörer viel interessanter.

An diesem Tag erreichte mich auch der sehnlichst erwartete Anruf von der Herz-Kreislauf-Klinik in Bad Berleburg. Das Zimmer für mich sei ab dem 28. Oktober frei, also in drei Tagen. Ich müsse mich schnellstens entscheiden, da ich sonst erst in zwei Wochen aufgenommen werden könnte. Ich bat um eine kurze Bedenkzeit, da ich mit dem Chefarzt sprechen müsste. Dieser war jedoch nicht greifbar. Was sollte ich machen? Noch länger in diesem Krankenhaus liegen? Nach Hause hätte ich schließlich auch nicht gedurft. Ich rief meine Frau an, erklärte ihr den Sachverhalt und wir entschieden, dass ich meine Zusage für den 28. Oktober geben sollte. Ich rief in der Reha-Klinik an und kündigte meine Ankunft für den vorgesehenen Tag an. Dieses jedoch in dem Bewusstsein, über den Kopf des Chefarztes hinweg gehandelt zu haben.

Während der mittäglichen Visite erzählte ich ihm mein Vorhaben. Ich erntete zunächst Erstaunen und dann böse Worte, da ich über seinen Kopf hinweg gehandelt hätte und sein Therapiekonzept nunmehr außer Kraft gesetzt sei. Doch das interessierte mich nur noch wenig. Für mich war der Aufenthalt in diesem Krankenhaus, der mich seelisch kränker zu machen schien, abgeschlossen. Jetzt hatte ich nur noch ein Ziel:

Möglichst bald wieder fit zu sein und am Leben wieder teilnehmen zu können.

Meine Frau hatte für den Nachmittag den Frisör bestellt. Mitten im Krankenzimmer wird der Stuhl platziert, auf dem ich Platz nehme. Nach zwanzig Minuten fühle ich mich wohler. Die Haarpracht der letzten Wochen ist gestutzt.

27. Oktober. Eine junge Assistenzärztin von der Intensivstation bat mich, doch ein wenig von meinem Aufenthalt in dem Herzzentrum Nordrhein-Westfalen zu erzählen. Sie hatte mich während der Tage auf der Intensivstation beobachtet und war nun daran interessiert, was mit mir alles gemacht worden sei. Gerne tat ich ihr den Gefallen und wurde dabei den Gedanken nicht los, dass mein Fall für dieses Krankenhaus etwas nicht Alltägliches war.

Rehabilitation

28. Oktober. Ich packte meine Sachen. Meine Frau holte mich ab. Nach der Verabschiedung von den Schwestern, den Stationsärzten und dem Chefarzt, die mir viel Glück wünschten, fuhren wir zunächst nach Hause. Ich war froh, diesen Abschnitt hinter mich gebracht zu haben.

Die Herz-Kreislauf-Klinik hatte uns angeboten, mich mit einem Taxi aus Bad Berleburg abzuholen. Ein Patient werde nach Oberhausen gebracht und auf der Rückfahrt könne man mich mitnehmen. Ich nahm dieses Angebot gerne an, da ich meiner Frau jetzt nicht noch zumuten wollte, die einfache Fahrt von über zweieinhalb Stunden auf sich zu nehmen.

Meine Frau hatte in der Zwischenzeit meine Koffer gepackt. Für vier bis sechs Wochen Aufenthalt war der Bedarf an Wäsche schon groß. Für die kommenden Wintertage musste ich warme Kleidung für draußen und für die sportlichen Betätigungen viele T-Shirts mitnehmen. Die Badeutensilien durften ebenfalls nicht fehlen.

Da ich für einige Stunden zu Hause war, konnte ich noch Wichtiges erledigen. Nach dem Mittagessen erschien der Fahrer. Wieder verabschiedete ich mich von meiner Familie. Diesmal jedoch in der Hoffnung, dass ich gestärkt heimkommen würde. Ich wusste, dass auch unsere Kinder unter der Trennung litten. Und nun waren es wieder vier bis sechs Wochen. Auch sie machten sich Sorgen, wie mir meine Frau erzählte. Schulisch sei jedoch noch kein Abfall zu bemerken.

Unser Sohn trug die Koffer nach unten. Der Fahrer lud sie ein. Ein letztes Winken und wir bogen um die Ecke. Kurze Zeit später auf der Autobahn in Richtung Köln fragte mich der Taxifahrer, was mich denn nach Berleburg verschlagen hätte. Ich erzählte ihm meine Geschichte und er meinte dazu, dass ich sicherlich dort in guten Händen wäre. Dann fragte ich ihn über Bad Berleburg aus, da es mir ja unbekannt war. Aber auch über die Reha-Klinik wollte ich natürlich einiges wissen. Er gab mir bereitwillig Auskunft. Die Fahrt verlief rasch. Es musste wohl seine Hausstrecke sein, denn er bevorzugte das schnelle Fahren. Nach einer Stunde verließen wir die Autobahn. „Noch gute siebzig Kilometer", sagte er. Die Strecke ist jetzt sehr unübersichtlich und kurvenreich. Wir benötigten nochmals gut eine Stunde. Endlich erreichten wir das Städtchen Berleburg. Die Landschaft gefiel mir. Das schöne Wetter untermalte den herbstlichen Anstrich, den die Wälder sich zugelegt hatten.

„Herz-Kreislauf-Klinik" las ich auf dem Schild vor dem Eingang, als der Fahrer anhielt. Ein junger

Mann von der Klinik begrüßte uns und nahm die Koffer in Empfang, mit denen er verschwand. Ich bezahlte die Rechnung der Taxifahrt. Mit dem Fahrstuhl fuhr ich eine Etage hoch und begab mich zur Anmeldung. Ich wurde herzlich begrüßt und man überreichte mir meinen Zimmerschlüssel. „Station 9, Zimmer 718. „Ich begleite Sie dorthin", sagte die Dame vom Empfang. Ich war gespannt, was mich erwartete und war angenehm überrascht, als wir zum Zimmer 718 kamen, welches nun mein Zuhause für die kommenden Wochen sein sollte. Ich trat in ein kleines Appartement ein. Hier konnte man sich wohlfühlen. Die Krankenkassen-Zusatzversicherung, die wir mit Beginn unserer Ehe abgeschlossen hatten, machte dieses möglich. Meine Koffer waren schon da.

Bald darauf erschien die Stationsschwester und stellte sich mir vor. „Bevor ich Ihnen einiges zum Tagesablauf erzähle, müssen Sie jetzt noch ein Eingangs-EKG schreiben lassen. Ich begleitete Sie dorthin", sagte sie. Wir gingen in die Diagnostik-Abteilung. Eine Assistentin forderte mich auf, auf die Liege zu legen, damit sie die Elektroden oberhalb der Knöchel sowie an bestimmten Stellen des Oberkörpers anlegen könne. Die EKG-Streifen wurden geschrieben.

Die ersten Stunden in der Reha-Klinik waren verwirrend. Sich in dem weitläufigen Gebäude-komplex zurechtzufinden, war eine Sache, die andere, was auf einen zukommen würde. Die Stationsschwester erklärte mir später den vorgesehenen Ablauf der kommenden Tage. „Morgen haben Sie Ruhe, damit Sie sich eingewöhnen können", sagte sie. „Lediglich morgen früh, um sieben Uhr, müssen Sie in unser Schwesternzimmer kommen, damit wir Blut für die Laboranalyse entnehmen können. Die Stationsärztin wird Sie am Freitag untersuchen. Bitte seien Sie rechtzeitig da. Um viertel vor sechs gibt es Abendessen, Frühstück ab acht Uhr und Mittagessen ab zwölf Uhr. Ich begleite Sie nachher zu dem Raum, in dem die Mahlzeiten eingenommen werden." Und dann zeigte sie mir noch mein Fach, in dem alle wichtigen ärztlichen Mitteilungen hinterlegt werden. „Wie auch die Post, sofern Sie welche erhalten."

Ich packte meine beiden Koffer aus. Das abgeteilte Schlafzimmer hatte ein Doppelbett. Ich zog das linke Bett vor, da es näher am Badezimmer lag. Auch das Badezimmer gefiel mir. Es war groß; hatte jedoch keine Fenster. Der kleine Wohnraum war ausgestattet mit einer Couch, einem Couchtisch und zwei Sesseln sowie einem Sideboard, auf dem ein Fernseher stand.

Es wurde Zeit für das Abendessen. Da ich nicht wollte, dass die Schwester mich dorthin begleitete, ließ ich mir den Weg zum Speisesaal beschreiben. Nachdem alle anderen ihre Plätze eingenommen hatten, stellte ich mich der Bedienung vor. Sie führte mich an den Tisch, an dem bereits drei Männer in meinem Alter saßen. Es erfolgte eine kurze Vorstellung und dann Schweigen. Als Neuer wurde ich erst einmal begutachtet. Irgendwie störte mich dieses und ich begann die Unterhaltung. Schnell war das Eis gebrochen und es entwickelte sich ein lebhaftes Gespräch. Hier am Tisch erfuhr ich alles Wesentliche über den Tagesablauf, über die Ärzte, über die Schwestern, einfach über alles.

Nach dem Essen hatte ich jedoch nur einen Wunsch: Ins Bett zu kommen. Ich versuchte, vorher meine Frau telefonisch zu erreichen, was mir misslang, da offensichtlich jeder nach dem Abendessen zu telefonieren versuchte. Kurz vor acht Uhr erreichte ich sie. Ich erzählte ihr von meinen ersten Eindrücken und dass es mir ganz gut gefalle. Am besten sei es jedoch, dass sie mich ab jetzt abends gegen acht Uhr anriefe.

Ich legte mich hin. Es klopfte an die Tür und dann wurde sie von draußen aufgeschlossen. Die Nachtschwester stand im Türrahmen. Sie stellte sich mir vor und erklärte mir dann die Alarmknöpfe, die mit einem roten Kreuz versehen waren, und die sich in jedem Raum des Appartements befanden. Falls irgendwelche Beschwerden auftreten sollten, so die Nachtschwester, sollte ich mich melden. Sie wünschte mir eine gute Nacht.

29. Oktober. Um sieben Uhr ließ ich mir das Blut abnehmen. Dann Frühstück und anschließend wanderte ich in der Klinik umher, um mich einigermaßen zurechtzufinden. Mühe machte es, die schwere Stahltür, die unseren Gebäudekomplex von dem anderen trennte, aufzuziehen. Die Kraft fehlte mir noch. Wie mir später erzählt wurde, hätte ich sehr blass ausgesehen und kraftlos gewirkt. Ich kaufte Wasser und eine Tageszeitung am Kiosk ein. Das sollte ab jetzt mein täglicher Gang werden. In der Cafeteria „Wittgensteiner Treff" in der Nähe der Anmeldung war reges Treiben. Auf den Barhockern saßen die ersten Patienten und tranken ihren Kaffee und andere löffelten Eis.

Das große Hallenschwimmbad mit zwei Becken erweckte mein besonderes Interesse. Hoffentlich war ich bald soweit, auch wieder schwimmen zu können.

30. Oktober. Ich wartete vor dem Stationsärztezimmer, bis ich an der Reihe war. Nachdem die Stationsärztin sich vorgestellt hat, bittet sie mich, über mein Befinden zu berichten. Ich erzählte ihr, wie es mir in den vergangenen Wochen ergangen ist. Anhand der ihr vorliegenden Berichte beginnt sie mit dem klinischen Aufnahmebefund, ein Ruhepuls von 80/min und ein Ruhe-Blutdruck von 140/90 mm/Hg sowie vereinzelte Extrasystolen beim Abhören wurden festgestellt.

Sie bespricht nun mit mir den Ablauf meines

Rehabilitationsaufenthaltes. Am Montag beginnen wir mit dem Belastungs-EKG und nachmittags mit dem Hockertraining. Wichtig für sie, so schien es mir, war das Stressbewältigungstraining. „Den Termin mit dem Chefarzt haben Sie ebenfalls am Montag." Jeden Dienstagnachmittag finden Seminare zum Thema Herzklappenerkrankungen statt. An den Vorträgen, die von Ärzten und Sporttherapeuten der Klinik gehalten werden, sollte ich teilnehmen, da diese für das Verstehen der Krankheit sehr wichtig seien. „Unser Ziel ist es, dass Sie Fachmann in eigener Sache werden", sagt sie mir.

„Dann werden wir Ihnen heute noch ein Langzeit-EKG anlegen, damit wir die Art und Stärke Ihrer Herzrhythmusstörungen besser beurteilen können", fährt sie fort und füllt dabei einen Anforderungsschein aus. „Den nehmen Sie bitte in die Diagnostikabteilung mit. Sie werden dort erwartet." Sie überreicht mir den Schein und wir verabschieden uns.

Da meine Brusthaare noch nicht nachgewachsen sind, erübrigt sich das Rasieren. Die Elektroden werden angelegt und mit Klebestreifen festgeklebt. Das Aufzeichnungsgerät, versehen mit einer Tonbandkassette, wird an einem schwarzen Gürtel befestigt, den ich umlegen muss. Ich darf mir das Hemd wieder anziehen. Die zu langen Elektrodenkabel werden in die Hose gesteckt. Dann noch ein Pullover darüber und man kann nichts mehr sehen. Ein blauer Zettel wird mir in die Hand gedrückt, auf dem ich alles notieren soll, was ich während des Tragens des Langzeit-EKGs gemacht habe. Auch mögliches Unwohlsein und die Einnahme der Medikamente sollen mit Uhrzeit eingetragen werden. „Morgen früh um sieben Uhr dreißig kommen Sie wieder, damit wir Ihnen das Gerät abnehmen können. Bitte pünktlich sein, da Ihr Gerät bereits für den nächsten Patienten zur Verfügung stehen muss", sind die Worte der Schwester. „Duschen können Sie dann anschließend."

Als ich mich mit dem angeschlossenen Langzeit-EKG in die Cafeteria begebe, bemerkte ich, dass andere Patienten, die auch ein Langzeit-EKG tragen, es bewusst zur Schau stellen. Es muss wohl etwas Besonderes sein, denke ich bei mir.

Das Wochenende bietet mir Gelegenheit, das Haus und die Anlagen rundherum näher kennen-zulernen. Im Tal liegt das Städtchen Bad Berleburg. Hinter den Bäumen erahnt man den Schlossturm. Die Bäume auf den Hängen zeigen ihr letztes herbstlich-buntes Laub. Die Landschaft gefällt mir. Aber für einen größeren Spaziergang reicht die Kraft noch nicht. So belasse ich es dabei und lege mich mittags hin. Die Ruhe um mich herum lässt das Klicken der Herzklappe lauter erscheinen. Dazu kommt noch der kräftige aber unregelmäßige Herzschlag. Ich muss mich daran gewöhnen.

2. November. Am Morgen vor dem Frühstück die Quick-Wert-Bestimmung, dann um 9.30 Uhr mein erstes Belastungs-EKG. Stufenweise Belastung ab 25 Watt, jeweils drei Minuten, bis zu 75 Watt und dann Abbruch. Was das für mich bedeutete, erklärte mir nachmittags der Chefarzt in der ersten Besprechung: „Ihr Belastungs-EKG zeigt keinen Hinweis auf eine Mangeldurchblutung des Herzens und es besteht auch keine Pumpschwäche des Herzens. Ihr linkes Herz ist noch sehr vergrößert. Entstanden ist die Vergrößerung durch die enorme Anstrengung, die Ihr Herz über einen langen Zeitraum hinweg leisten musste. Sie müssen bedenken, dass durch die Schließunfähigkeit Ihrer Aortenklappe das Blut teilweise wieder in die linke Herzkammer zurückgeflossen ist. Das geschieht während der Diastole, also wenn das Herz erschlafft und die Herzkammern sich mit Blut füllen. Beim folgenden Blutauswurf aus dem Herzen in die Aorta, und somit in den Blutkreislauf, fließt ständig ein Teil des Blutes in die linke Herzkammer zurück. Damit weitet sich das linke Herz langsam aus und eine Herzmuskelschwäche tritt ein." Er erklärt mir weiter: „Die Folgen haben Sie an der von Ihnen beschriebenen Atemnot und dem sehr schnellen Herzschlag vor der Operation gespürt."

Ich fragte ihn nach den für mich unangenehmen Herzrhythmusstörungen. „Diese", so fährt er fort, „entstehen oftmals nach Herzklappenoperationen. Im Laufe der Zeit besteht die Hoffnung, dass diese wieder verschwinden. Für den Betroffenen sind sie jedoch unangenehm, da er ständig den unregelmäßigen Herzschlag spürt."

„Ihr 24-Stunden-Bandspeicher-EKG hat uns gezeigt, dass Sie Phasen einer absoluten Unregelmäßigkeit Ihres Herzens haben. Wir werden das in den nächsten Wochen weiter beobachten." „Bekomme ich deswegen Medikamente?", war meine nächste Frage. „Wir werden Ihnen eine Art Betablocker geben, welcher Sie auch ein wenig abschirmt. Durch das ständige in sich Hineinhören haben Sie das Gefühl, dass Ihr Herz pausenlos unregelmäßig schlägt. Und das macht Sie noch unruhiger."

Danach ging ich zum Hockertraining. Auf dem Hocker sitzend wurden unter Anleitung gymnastische Übungen gemacht. Warum auf dem Hocker sitzend und nicht gleich stehend, habe ich bald zu spüren bekommen. Es war anstrengender als ich gedacht hatte. Ich kam mir anfangs schon ein wenig dämlich vor, Bewegungsübungen zu machen, denn auf Gymnastik war ich nicht eingestellt. Das war doch etwas für Frauen! Doch ich habe schnell gespürt, dass diese Art von Bewegungstherapie mir äußerst gut tat. Und auf die richtige Dosierung kommt es an. Nach dreimaliger Übung während der ersten Woche fühlte ich mich schon etwas gekräftigter.

Am gleichen Tag begann das Stressbewältigungstraining. Auch so eine Sache, dachte ich mir. Was heißt Stress bewältigen, wenn der Alltag, sei es beruflich oder privat, das Äußerste verlangt! Wir waren eine größere Gruppe von elf Personen, die sich im Halbkreis um die Referentin setzte. Im Frage- und Antwortspiel wurden wir zum Thema Stress geleitet. Es gibt den A-Typ und den B-Typ. Die A-Typen sind die ständig aktiven und rastlosen Menschen, wohingegen die B-Typen gelassener in die Zukunft schauen. Gefährdet seien die A-Typen, die am Herz-Kreislauf-System eher erkranken. Ich zählte mich zum A-Typ. Eines habe ich jedoch im Laufe der Zeit erkannt: Wie schwer es ist, einen A-Typen zum B-Typen umzukrempeln. Kann ich mein ständiges Unter-Dampf-Stehen ablegen?

In einer beschützenden Umgebung – so wie diese Herz-Kreislauf-Klinik – ist es natürlich eher möglich, sich vom Alltag zu lösen. Und es ist auch sicherlich Sinn und Zweck dieser Stressbewältigungsübungen, zumindest zu versuchen, sich ein wenig zum B-Typ hin zu entwickeln und nicht immer nur ein „Aktivposten" der Leistungsgesellschaft zu sein. Gelernt habe ich, abschalten zu können und das nicht nur im Urlaub, sondern auch während der Freizeit mit der Familie und Freunden.

So habe ich diese Übungen ständig mitgemacht, wobei das Gruppenerlebnis mit Menschen, die ebenfalls eine neue künstliche Herzklappe oder eine Bioklappe erhalten haben, mir sehr viel gegeben hat. Die Sorgen und Nöte der Einzelnen zu hören, sobald eine gewisse Vertrautheit in der Runde gegeben ist. Dieses mit sich selbst in Einklang zu bringen und zu verarbeiten, ist wertvoller als jede weitere therapeutische Maßnahme.

Der sich mit der Zeit aufbauende zwischenmenschliche Kontakt während dieser sechswöchigen Rehabilitation ist ein wesentlicher Schlüssel zum Erfolg für das Erlernen des Lebens mit einer künstlichen Herzklappe.

So war das regelmäßige Treffen in der Cafeteria notwendig, um sich zu unterhalten. Karten zu spielen oder sich einfach auszutauschen. Und das bei einem Glas Wein oder Bier.

3. November: Die Quick-Wert-Selbstbestimmung steht auf dem Programm, für die ich mich angemeldet habe. Eine der wichtigsten Aufgaben für Träger künstlicher Herzklappen! Denn die Quick-Wert-Bestimmung – sei es durch Hausarzt, oder als Selbstbestimmung zu Hause – begleitet uns lebenslang!

Die Runde ist klein. Wir sind sieben Personen. Zumeist jüngere Herzklappenträger. Zwei Laborantinnen haben auf dem Tisch im Seminarraum die notwendigen Geräte und Reagenzien aufgebaut. Zunächst wird uns erklärt, warum der Quick-Wert so wichtig ist: An dem körperfremden Material der künstlichen Herzklappe kann es zur Gerinnselbildung kommen. Diese Gerinnsel können den Klappenmechanismus beeinträchtigen, was bedeutet, dass es zur Öffnungs- und Schließunfähigkeit kommen kann. Und wenn sich diese Gerinnsel losreißen und durch die Aorta in den Kreislauf gelangen, können möglicherweise Verstopfungen (Embolien) entstehen.

Um der Gerinnselbildung vorzubeugen, muss die natürliche Gerinnungsneigung des Blutes herabgesetzt werden. Hierzu werden Vitamin-K-Antagonisten verabreicht. Der Arzneistoff Phenprocoumon – ein Vitamin-K-Antagonist – (z.B. Marcumar®, Marcoumar®, Falithrom®) wird zumeist in den deutschsprachigen Ländern verwendet. Acetylsalicylsäure (z.B. Aspirin®), so wie uns gesagt wird, reicht für die notwendige Blutverdünnung nicht aus.

Benötigt man mal eine Kopfschmerztablette, so sollte es eine mit der Substanz Paracetamol sein. Diese hat die Eigenschaft, die Blutgerinnung nicht wesentlich zu beeinflussen, was hingegen bei den Tabletten mit dem Wirkstoff Acetylsalicylsäure der Fall ist.

Als ich den seitenlangen Beipackzettel des Gerinnungshemmers durchlese, ist mir nicht ganz wohl zumute. Warnhinweise noch und noch.

Doch die Besorgnis wird uns genommen, da, wie uns gesagt wird, jede nur vorgekommene auf die Arzneisubstanz Phenprocoumon zu schließende Nebenwirkung darin aufgenommen wurde. Phenprocoumon wird seit Jahrzehnten von Herzklappenträgern eingenommen und recht gut vertragen. Beobachtet wird anfänglich leicht verstärkter Haarausfall. Das habe ich auch an mir bemerkt.

Auf der anderen Seite, was bleibt einem denn anderes übrig, als sich damit zu arrangieren? Ohne den Gerinnungshemmer geht es nun einmal nicht mehr.

Natürlich kann es trotzdem zu kleineren Gerinnselbildungen kommen, die jedoch nicht immer wahrgenommen werden. Sollten, so wird uns beigebracht, Sprach- und Sehstörungen, kurzfristige Zustände von Verwirrtheit auftreten, so muss an solch ein Ereignis gedacht werden.

Wichtig sei es, auf das Klicken der Herzklappen zu achten. Verändert sich das Geräusch, treten dazu noch eine Abnahme der Leistungsfähigkeit und eine Zunahme von Atemnot auf, so kann sich ein Gerinnsel an der Klappe gebildet haben. Dann ist schnelles Handeln erforderlich, und ein Klappenersatz wird notwendig. Die neuen modernen Klappen wie die St. Jude-Medical-Klappe blockieren bei möglicher Gerinnselbildung langsamer.

Welch ein Trost! Aber es ist wichtig, dieses zu

wissen und außerdem dient es auch zur weiteren beruflichen und privaten Lebensplanung. Man kann reisen, und sollte das Ereignis doch eintreten, besteht sicherlich noch genügend Zeit, ein entsprechendes Herzzentrum zu erreichen.

Für den Fall der Fälle habe ich mir ein einfaches Stethoskop gekauft, welches in der Schublade meines Nachttisches liegt. Hin und wieder höre ich mir das Klicken an, indem ich den Aufsatz des Stethoskops unterhalb des Brustbeins auf die Haut aufsetze. Hier hört man das Klicken ganz besonders gut. Klingt es hell – und das tut es bisher immer –, so schließt die Klappe normal.

Nun wird uns die Handhabung des Kugel-Coagulometer KC 1A erklärt und wie man den Quick-Wert bestimmt. Man benötigt Calciumchlorid, welches in ein Glasröhrchen gefüllt und im Gerät erwärmt wird. Das Hepato-Quick-Reagenz muss mit 1000 µl Aqua bidest aufgefüllt werden. Dann wird eine Stahlkugel aus einem Kugelspender in eine Küvette gegeben und anschließend 100 µl Citrat-Pufferlösung in dieselbe Küvette pipettiert.

Wir bekamen jeder einen eigenen Blutentnahmeschlauch. An der Spitze des Schlauches steckt die Kapilette. Mit dem Autoklix sticht man sich in die gesäuberte Fingerbeere. Der erste Tropfen Blut wird weggewischt. Die Kapilette wird bis zur Markierung mit dem nachlaufenden Blut aufgefüllt.

Das Blut in der Kapilette wird in die Küvette

gegeben, die nun eine kleine Stahlkugel, Citrat Pufferlösung und das Blut enthält. Die Küvette wird leicht geschwenkt. Anschließend wird 200 µl Hepato-Quick-Reagenz hinein pipettiert, die Küvette nochmals geschwenkt und in die vorgesehene, sich drehende Bohrung gestellt. Die linke Taste muss gedrückt werden und nach zwei Minuten wird 100 µl vorgewärmtes Calciumchlorid hinzu pipettiert. Die mittlere Taste muss sofort gedrückt werden. Und nun laufen die Sekunden. Sobald das Blut zu gerinnen beginnt, dreht sich die winzige Stahlkugel mit. Auf diesen Befehl hin bleibt die digitale Sekundenanzeige stehen. Zeigt die digitale Anzeige zum Beispiel 61,5 Sekunden, so schaut man in der entsprechenden Wertetabelle, die jeder Packung von Hepato Quick beiliegt, unter Kapillar-Citratblut nach, und erhält den Hepato-Quick-Wert, in diesem Beispiel 18. Das bedeutet, dass mein Quick-Wert im vorgeschriebenen therapeutischen Bereich zwischen 10 und 20 liegt. Somit könnte ich zufrieden sein. Da jedoch die Menge der Hepato-Quick-Reagenz vier Kontrollen ermöglicht, ziehe ich aus den vier Selbstbestimmungen den Mittelwert. Diesen Wert trage ich in meinen roten „Marcumar-Ausweis" ein.

Natürlich klappte diese Übung nicht in der ersten Stunde. Nach fünf Unterrichtsstunden, jede Woche eine Stunde, wurde die Prüfung abgelegt. Wir mussten in der Lage sein, unseren Quick-

Wert selbst zu bestimmen. Außerdem hatten wir viel Spaß dabei und waren zudem noch eine eingeschworene Mannschaft.

Ob nun alle Teilnehmer auch zukünftig ihren Quick-Wert selbst bestimmt haben, vermag ich nicht zu sagen. Für mich bietet die Quick-Wert-Selbstbestimmung viel Freiraum. Zweimal in den vielen Jahren war ich unsicher. Einmal habe ich in der Herz-Kreislauf-Klinik angerufen und einmal bin ich zum hiesigen Krankenhaus gefahren, um dort den Quick-Wert bestimmen zu lassen.

Um den Kugel-Coagulometer kostenlos von der Krankenkasse zur Verfügung gestellt zu bekommen, habe ich eine Wirtschaftlichkeitsberechnung aufgestellt. In der Annahme, x Jahre zu leben und alle drei Wochen durch den Arzt den Quick-Wert bestimmen zu lassen, ergibt sich eine bestimmte Geldsumme. Die Summe lag wesentlich höher als die Beschaffungskosten für den Koagulometer.

Die Kasse willigte ein.

Abgesehen davon, dass ich in meiner Zeiteinteilung nicht noch durch zusätzliche Arztbesuche belastet bin, fühle ich mich als Fachmann in eigener Sache. Ich kann auf die möglichen veränderten Quick-Werte reagieren, indem ich die Dosierung des Gerinnungshemmers (Vitamin-K-Antagonisten) selbst steuere.

Sechs Jahre lang habe ich jeden dritten Sonntag zu Hause mit dem Koagulometer meinen

Quick-Werte bestimmt. Seit 1993 gibt es einfacher zu bedienende Messgeräte zur Bestimmung des Quick- bzw. INR-Wertes (INR – International Normalized Ratio). Der Zeitaufwand beläuft sich nur noch auf wenige Minuten. Die handlichen Messgeräte gehören nun auch auf Reisen ins Handgepäck. Für uns Herzklappen-Patienten eine große Erleichterung, denn dieses gibt uns Sicherheit.

4. November. Ein Herzklappenseminar. Fast alle Herzklappenträger der Klinik versammeln sich im Seminarraum. Die Chefärztin der Klinik hält einen Vortrag. Es ist interessant, was wir über unsere Krankheit erfahren, wie wir damit umgehen sollten. Viele Fragen werden im Anschluss an den Vortrag gestellt. Jeder Patient sieht seine Frage und damit sein Problem aus seiner Betrachtungsweise. Der Bogen spannt sich von der technischen Funktion der Klappen – wie lange hält denn so eine künstliche Herzklappe? – bis hin zu seelischen Situationen.

Diese eine Seminarstunde in der Woche erachte ich als äußerst wichtig, da man dabei auf Dinge aufmerksam gemacht wird, die vorher gar nicht in Betracht gezogen wurden.

Anfangs war es für mich oftmals entmutigend, dass mehr Wissen um die Krankheit, die nun chronisch und lebenslang währt und einen psychisch schwer zu verkraftenden Einschnitt bedeutete. Das langsame Annehmen meiner Situation, in der ich mich befand, war eng verbunden mit der stetig verbesserten körperlichen Kräftigung.

Rückblickend betrachtet begann das Akzeptieren der neuen Lebenssituation jedoch zu schnell für mich. Die Trauerarbeit, die auch nach Klappenersatz geleistet werden muss, kommt unweigerlich. Meine Trauerarbeit begann erst nach Monaten; und dann umso heftiger. Ich benötigte lange Zeit, die Krankheit zu akzeptieren, wobei es eher die enorm störenden und belastenden Herzrhythmusstörungen waren als der Klappenersatz selbst.

6. November. „Ergo", so hieß schlicht die Kurzfassung der Fahrradergometrie unter den Patienten. Elf Standfahrräder bilden einen Halbkreis um eine Art Theke, hinter der sich die Technik verbirgt. Wir setzten uns auf die Fahrräder und es wurde uns ein breiter Gürtel, versehen mit Elektroden für die EKG-Überwachung, um den Brustkorb gelegt. Unter Anleitung des anwesenden Sportarztes und seiner Assistentin hieß es dann mit Musik „Auf, auf, die Tour beginnt". Mit guter Laune strampelten wir los, ohne uns fortzubewegen, den Blick auf den gegenüberliegenden Berg gerichtet.

25 Watt durfte ich 10 Minuten lang beim ersten Training treten und dann noch fünf Minuten

mit 50 Watt. Die Werte der Herzfrequenz nach jeweils fünf Minuten sowie nach dreimaliger Erholungspause wurden in das persönliche gelbe Heft der „Ärztlichen Verordnungen" eingetragen. Ein wichtiges Heft, denn darin waren alle Termine vermerkt und wurden vom jeweiligen Leiter abgezeichnet. Wie ein Testatheft. Anschließend wurde ich nach meinem Befinden gefragt. Meine Antwort lautete: „Ich habe nichts gespürt". Dafür wurde mir eine Eins in das gelbe Heft eingetragen.

Am Nachmittag wieder Hockertraining, die Atem- und Entspannungsgymnastik umfasst und dann zur Schwimmtelemetrie.

Man hatte mich gefragt, ob ich an der Studie „Schwimmen nach Herzklappenersatz" teilnehmen wollte. Da ich gerne schwimme und es für mich seit Monaten wieder das erste Mal war, sagte ich zu. Für die Ärzte war es wichtig herauszufinden, ob meine Herzrhythmusstörungen während des Schwimmens zu- oder abnehmen. Die Elektroden wurden befestigt und ich bekam einen Sender umgeschnallt, der per Funk die Daten des Herzrhythmus zur Empfangsstelle überträgt. Ein Sportlehrer überwachte den Monitor, notierte die Anfangsdaten außerhalb des Wassers und während des Schwimmens und dann wieder nach dem Schwimmen am Beckenrand. Ausgedruckt wurden dazu die Unregelmäßigkeiten. Es traten einige Extrasystolen auf, aber ich fühlte mich wohl.

„Schwimmen nach Herzklappenersatz: Keine Sportart ist in der kardiologischen Rehabilitation so heftig und umstritten diskutiert worden wie das Schwimmen. In den 60er Jahren sind beim Schwimmen in Rehabilitationskliniken einige Todesfälle registriert worden, so dass das Schwimmen lange Zeit verboten wurde.

Während bei Herzinfarkt- und Bypass-Patienten der Zugang zum Schwimmen wesentlich erleichtert wurde, hat man bei Herzklappen-Patienten immer noch Bedenken. In der Herz-Kreislauf-Klinik Bad Berleburg, so wurde mir erzählt, wurden seit 1984 ca. 15 000 schwimmtelemetrische Untersuchungen durchgeführt, davon ca. 4 000 bei Herzklappen-Patienten."

Wie schnell ich mich an den Tagesablauf der Klinik gewöhnte, wurde mir immer bewusster. Am späten Nachmittag gab es einen Englischkurs, den ich mit belegte. Es war eine angenehme Abwechslung, so wie es auch die anderen Kursteilnehmer empfanden.

Das erste Wochenende. Keine Termine. Zum Frühstück gibt es ein Ei und Butter, sonst bekamen wir Margarine. Welche Überraschung! Und das auch an den folgenden Sonntagen. Diesen Genussrhythmus habe ich mir angewöhnt, und so gibt es seit dieser Zeit für uns am Wochenende ein Ei zum Frühstück. Die cholesterinärmere Ernährungsweise haben wir zu Hause ebenfalls übernommen.

Die Mittagsruhe genoss ich mit Lesen. Und dann in aller Ruhe spazieren gehen. Während der vergangenen Woche war ich jeden Tag mehrmals draußen gewesen, aber ich wagte noch nicht, die sanft ansteigenden Hügel zu erwandern. Probiert hatte ich es schon, jedoch das Herz schlug stärker. Das beunruhigte mich. Vielleicht war es auch anfängliche Ängstlichkeit, verbunden mit der Sorge, es könnte etwas mit der Klappe geschehen. Doch heute wagte ich es. Und es tat gut. Das körperliche Training der vergangenen Tage musste es gebracht haben. Die Sonne schien und ich empfand die leuchtenden Farben der letzten Blätter an den Bäumen und Büschen als besonders intensiv. Ich nahm die Blätter in die Hand, betrachtete sie ausgiebig. Welche Farben die Natur zaubern kann.

Sehr bewusst habe ich die folgenden Tage und Wochen verlebt. Ich sah Vieles mit anderen Augen und aus anderer Sicht. An einem Hochsitz fand ich einen Platz mit herrlicher Aussicht. Die Sonne wärmte noch das Gras. Das, was ich in meiner Jugend gerne getan hatte, sich im Grünen aufzuhalten, konnte ich jetzt wieder tun. Keine Hektik, kein Stress. Einfach sich gehen lassen.

Irgendwie kam es mir in den Sinn, dass es gar

nicht so verkehrt wäre, wenn viele Menschen in diesem Lebensabschnitt einen sogenannten „Schuss vor den Bug" bekämen. Er öffnet die Augen für das noch verbleibende Leben. So wie es ein amerikanischer Herzspezialist gesagt hat: „Nicht nur mehr Jahre zum Leben, sondern mehr Leben zu den Jahren hinzufügen."

Mein Wanderweg, den ich mir ausgesucht hatte, stieg steil an. Von dort aus hatte man einen herrlichen Blick in die Täler. Dann führte er fast eben weiter durch Tannen- und Laubwälder. Nach einigen Kilometern ging es wieder bergab.

Natürlich setzte ich mich unter einen gewissen Leistungsstress, denn ich wollte wissen, wie weit ich mich belasten konnte. Jeden Tag ein wenig mehr. Auf der Höhe angekommen, fühlte ich meinen Puls. Ich zählte die Schläge und stellte fest, dass sie im Rahmen des gesetzten Limits lagen. Noch heute führe ich bewusst – manchmal unbewusst – den Zeige- und Mittelfinger an die Halsschlagader, um den Pulsschlag zu zählen. Nach Wanderungen oder einfach dann, wenn ich mich ein wenig unwohl fühle.

Im Hallenbad gibt es ein Solarium. Die Lampen hängen nebeneinander von der Decke herab. Sechs Liegeflächen, bestehend aus Holzrosten, laden zum Sonnenbad ein. Ich genieße die Wärme und das helle Licht für jeweils zwölf Minuten und spüre, dass es mir und meiner Narbe gut tut.

9. November. Jeden Morgen vor dem Aufstehen messe ich meine Temperatur. Anfangs war sie noch leicht erhöht, bewegt sich aber nun auf einen Normalwert zu. Das Fieberthermometer gehört auch heute noch zum wichtigen Utensil, sei es auf Reisen oder zu Hause.

Vor dem Spiegel stehend betrachte ich mir meine Narbe. Meine Frau hat mir ein teures Hautpflegemittel besorgt. Jeden Morgen creme ich die Narbe damit ein. Gewöhnt habe ich mich mittlerweile an meinen gezeichneten Brustkorb.

Sorgen hat mir heute Morgen mein Stuhl gemacht, der schwarz war. Der Stationsschwester habe ich davon sofort berichtet. Bald darauf erschien ein Stationsarzt. „Sie brauchen sich keine Sorgen zu machen", war seine Antwort. „Das ist eine Reaktion auf das Eisenpräparat, welches Sie einnehmen. Sobald Sie das Präparat absetzen, wird die Farbe des Stuhls wieder normal sein. Es ist gut, dass Sie darauf geachtet haben. Es hätte auch eine Blutung aufgrund der Gerinnungshemmung sein können."

Ich kann es nicht lassen und habe Kontakt mit unserem Verlag aufgenommen. Ich möchte doch wissen, wie es um alles steht. So wird der tägliche Anruf bald zu Routine. Anweisungen für das kommende Geschäftsjahr müssen gegeben werden. Wichtige Kunden rufe ich direkt an. Beruhigt bin ich über die verständnisvolle Art meiner Kunden. Erst mal gesund werden, so lautet die Devise. Wir bleiben im Kontakt. Und so ist es auch geschehen. Viele Blumen- und Briefgrüße erreichen mich, ein Zeichen dafür, dass ich noch gefragt bin.

10. November. Wieder steht die Quick-Wert-Selbstbestimmung-Schulung auf dem Programm. Wir lernen sehr schnell, worauf es ankommt. Haben Spaß miteinander, wenn es bei dem einen nach dem Einstich nicht so blutet wie erwünscht. Lernen aus eigenen Fehlern und den Fehlern der anderen.

Dienstag ist der „Herzklappentag", so auch wieder das Herzklappenseminar in großer Runde. Eine Stationsärztin hat sich das Thema „Verhütung einer infektiösen Endokarditis (Herzinnenhaut-entzündung) vorgenommen. Ein wichtiges Thema, wie wir erfahren.

„Wenn Bakterien im Blut sind, kann es an künstlichen Herzklappen zur Besiedlung derselben durch die eingeschwemmten Bakterien kommen", beginnt sie ihren Vortrag. „Sollte es zu einer Einschwemmung von Bakterien kommen, kann man die mögliche Besiedlung an der Herzklappe vorsorglich mit Antibiotika verhüten. Wenn Sie zum Beispiel zum Zahnarzt gehen und sei es nur zur Entfernung von Zahnstein, so nehmen Sie eine Stunde vorher ein Antibiotikum ein." „Viele Zahnärzte", so fährt sie weiter fort, „unterschätzen die Gefahr für den Herzklappenpatienten. Machen Sie ihn darauf aufmerksam, dass er einen entsprechenden Hinweis in seine Patientenkartei mit aufnehmen soll. Aber auch, wenn notwendige Untersuchungen im Bereich der Harn- oder Geschlechtsorgane vorgenommen werden sollen. Schützen Sie sich vor einer möglichen Besiedlung Ihrer künstlichen Herzklappe durch die Einnahme von Antibiotika. Weisen Sie Ihren Arzt darauf hin. Auch bei allen Spiegelungen, sei es der Magen oder Darm, ist eine Antibiotika-Prophylaxe notwendig. Ein Merkblatt zur Antibiotika-Prophylaxe erhalten Sie bei Ihrer Entlassung", sind ihre abschließenden Worte.

Dieses Merkblatt mit meinem „Marcumar-Ausweis" und dem letzten Untersuchungsbericht ist auf Reisen stets mit dabei.

Eine Packung Antibiotika liegt für den möglichen Bedarf bei uns zu Hause im Kühlschrank.

Wieder ein Wochenende. Meine Frau kommt mich endlich besuchen. Es ist für sie eine umständliche Autofahrt.

Sie war erstaunt über meine beginnende Fitness. Natürlich musste ich ihr die Klinik zeigen. Was wo mit mir gemacht wird. Vom Massageraum, über Wassertretbecken zu den Diagnostikräumen bis zum Hallenbad. Kaffee getrunken haben wir in meinem kleinen Appartement. Und es blieb nicht aus, dass wir uns nach langer Zeit in das

Schlafzimmer verzogen. Kurz bevor die Klinik schloss, bestellte ich ihr ein Taxi, das sie hinunter in ihr kleines Hotel brachte. Es war untersagt, dass „fremde" Personen in der Klinik übernachteten.

Am nächsten Morgen war alles weiß. Es hatte die Nacht über geschneit. Wir stapften durch den ersten Schnee des einsetzenden Winters. Zu erzählen gab es noch viel. Die Zukunftsplanung stand wieder im Vordergrund.

16. November. Die Belastungsstufe wird auf 50 Watt eingestellt und dieses eine Viertelstunde lang.

Das Stressbewältigungstraining macht Spaß. Wir sind zu viert einschließlich der Therapeutin. Drei Selbstständige, die eine eigene Ansicht zur Stressbewältigung entwickeln. Die Diskussion ist sehr angeregt und bietet viele Ansatzpunkte zu Fragen und Antworten. Wir nehmen an, dass die Therapeutin auch einiges von uns gelernt hat.

17. November. Nach der Quick-Wert-Selbst-bestimmung-Schulung wieder das Herzklappen-seminar. Ich bin auf die Fragen gespannt, die während der Diskussion gestellt werden. Wie belastbar kann ich werden, so die Frage eines Patienten, der auch noch im Berufsleben steht. Der Referent, der heute das Seminar leitet, antwortet dahingehend, dass nach einer Operation die Lebenserwartung des Patienten in Bezug auf Lebensdauer und Lebensqualität verbessert

werden kann. Darauf baut sich die Belastbarkeit auf. Die uneingeschränkte Belastbarkeit und Leistungsfähigkeit können durch die Operation nicht immer wiederhergestellt werden, da jeder einzelne Fall seine Wägbarkeit und Unwägbarkeit hat. Viele von ihnen haben sich vor der Operation ihrer körperlichen Situation immer mehr angepasst. Sie sind einer ständigen Überbelastung aus dem Weg gegangen.

Ich denke dabei an mein Herz, welches sich aufgrund der Aortenklappeninsuffizienz stark vergrößert hat.

Er beantwortet die Frage weiter: „Sie müssen bedenken, dass diese langjährigen Anpassungsvorgänge des Herzens sich erst nach der Operation wieder rückbilden können. Was sich über Jahre, vielleicht Jahrzehnte hinweg angepasst hat, kann sich nicht innerhalb von vierzehn Tagen rückbilden. Stellen Sie sich auf Monate ein. Selbst nach einem oder zwei Jahren werden Sie feststellen, dass Sie noch eine ständige Zunahme Ihrer Belastbarkeit spüren." Mir fallen dabei die Worte meines Herzchirurgen ein, der mir beim Abschied sagte: „In einem halben Jahr können Sie wieder Tennis spielen."

Der Referent endet mit dem Satz, dass wir, die wir einen Herzklappenersatz erhalten haben, viel Geduld und Ausdauer benötigen, die sich aber lohnen.

Eine weitere Frage bezieht sich auf die Schonung der künstlichen Herzklappe. „Wenn Sie damit meinen, dass Sie sich körperlich nicht anstrengen sollten, um damit die Funktionszeit der Klappe zu verlängern, sehen Sie das falsch. Durch körperlichen Schongang reduzieren Sie Ihre körperliche Fitness und das werden Sie an Ihrem Kreislauf merken. Die Herzklappe brauchen Sie nicht zu schonen, denn sie ist so entwickelt, dass sie sich millionenfach öffnen und schließen wird – und das ein Leben lang."

„Wir unterschieden drei Gruppen. Der einen Gruppe gehören die Patienten an, die wir mit 0,5 bis 1 Watt pro Kilogramm Körpergewicht belasten. Wenn Sie 75 Kilogramm wiegen, so können Sie zwischen 40 und 75 Watt belastet werden. Das entspricht einer leichten Belastung wie zum Beispiel Spaziergänge in der Ebene; die zweite Gruppe kann belastet werden zwischen einem und 1.5 Watt pro Kilogramm Körpergewicht. Von sportlicher Sicht aus bedeutet das für Sie leichtes Trimm-Traben, Radfahren in der Ebene oder, wenn Sie es mögen, Skilanglauf. Kommen Sie dann in die Gruppe eins, dann können Sie sich sportlich betätigen. Aber alles in Maßen."

„Manchmal hören wir", so fährt der Referent fort, „dass bei späteren Alltagsbelastungen ein oftmals unangenehmes, ängstliches Gefühl aufkommt." Wieder Worte, deren Bedeutung ich noch nicht erfassen kann, da die Zeit des Alltags in weiter Ferne liegt.

19. November. Beim Atemtraining werde ich geschult, richtig zu atmen. Die verschiedensten Übungen, die mir eine Therapeutin erklärt, muss ich dann mehrmals hintereinander nachmachen. Sechs Übungsstunden sind angesetzt. Das Gute an diesen Übungen ist, dass man diese auch später zu Hause selbst durchführen kann.

20. November. Die Belastung auf dem Fahr-radergometer wird auf 75 Watt gesteigert. Langsam komme ich in Fahrt.

Am Abend geht es in die Übungssauna. Unter ärztlicher Betreuung absolviere ich drei Kurz-durchgänge. Sie bekommen mir gut. Als sich die Saunatür öffnet und ein Patient hereinkommt, höre ich das Klicken seiner Herzklappe. „Sie haben ja auch eine künstliche Herzklappe", sage ich ihm. „Man hört es!" Vielleicht hätte ich es ihm nicht so deutlich sagen sollen. Erst später erfahre ich, dass viele Herzklappenträger darunter leiden, da sie annehmen, dass man ihre Klappe klicken hört. Es gäbe wohl Fälle, wo Geschäftsleute es nicht mehr wagten, aufgrund vermeintlich starken Klickens Veranstaltungen zu besuchen oder mit Bus oder Bahn zu fahren.

Unsere Tochter hat mich später oftmals darauf aufmerksam gemacht, indem sie zu mir sagte: „Na Papi, bist Du wieder aufgeregt?"

In einem Klappenseminar habe ich darauf geantwortet, dass man den nun mit sich herumtragenden „körperlichen Mangel" positiv umkehren müsse. Denn so lange die Klappe klickt, lebt man. Ich hatte jedoch das Gefühl, dass meine Aussage von den anderen Herzklappenträgern nicht so recht akzeptiert wurde.

23. November. Letztes Mal Ergo. Zehn Minuten 75 Watt. Für mich ein Erfolg.

24. November. Nach der morgendlichen Gymnastik und dem Atemtraining gab es nachmittags wieder ein Stressbewältigungsseminar. Irgendwie kamen wir während der Diskussion auf die Zeit nach der Herzklappenoperation zu sprechen. Jeder erzählte über seine Erfahrungen. Sicherlich ein guter Ansatz, Erlebnisse zu bewältigen und damit einen Weg zu finden, Stress abzubauen. Als ich an die Reihe der Berichtenden kam, erzählte ich spontan von dem Gefühl des wiedergewonnenen Lebens, als die Schwester auf der Intensivstation sich über mich beugte, und ich ihre Brust spürte. Die Welle der Entrüstung war hoch. Bis zum „Erlebnis eines Machos" hin war die Meinung der Seminarteilnehmer. Für mich jedoch war es nur eine Bestätigung, dass für die Teilnehmer das wiedergewonnene Leben eine andere Dimension haben musste.

25. November. Erstes Lauftraining in Halle 1. Und das frühmorgens. Zweimal drei Minuten

durfte ich mitlaufen. Das Befinden war gut und die Herzfrequenz lag nach dem Laufen bei 104.

28. November. Das körperliche Training wird gesteigert. Um 7.30 Uhr wieder Lauftraining. Jetzt sind es schon zweimal fünf Minuten bei einer Pulsfrequenz von 116. Um 10.00 Uhr Atemgymnastik und nachmittags die erste Stunde der Trainingsgruppe. Was früher für mich nie vorstellbar war, in einer Gruppe gymnastische Übungen zu absolvieren, empfand ich heute als recht angenehm. Vielleicht lag es daran, dass man sich in einer Gruppe mit Menschen, die die gleichen Beschwerden haben, geborgener fühlt.

Irgendwann am selben Tag gab es noch eine Visite der Stationsärztin auf meinem Zimmer. Ich fragte sie, ob es wohl normal sei, dass mein Herz derart extrem laut zu hören sei, denn es mache mich manchmal schon nervös. Darauf antwortete sie: „Es ist wahr, Sie haben einen extrem starken Herzschlag. Das wird sich aber mit der Zeit beruhigen." Sie hatte Recht, der Herzschlag wurde im Laufe der Zeit leiser.

30. November. Die Woche der Kontrolluntersuchungen beginnt.

Wieder Röntgen. Das Herz zeigt sich im Größennormbereich. Also schon eine Besserung? Die Lungenfunktionsprüfung zeigt mäßige kombinierte Ventilationsstörungen (Lungenbelüftung). Ich merke es an meiner Kurzatmigkeit, die ich aber schon mein Leben lang habe. Trotz des vielen Sports und vieler Bewegung.

Die Laborwerte sind alle wieder im Normbereich. Auch ein gutes Zeichen! Die Echokardiographie stellt meine linke Herzkammer leicht vergrößert dar. Die Pumpfunktion ist eingeschränkt. Der Aortenklappenersatz ist in regelrechter Position. Die Herzwände erscheinen insgesamt hypertroph. „Kein Wunder bei der Aortenklappeninsuffizienz", dachte ich mir.

1. Dezember. Wir erhalten unser Befähigungsschreiben, den Quick-Wert selbst bestimmen zu können. Von meiner Frau erfahre ich, dass die Krankenkasse meiner Anfrage zugestimmt hat und ich somit den Koagulometer kostenlos zur Verfügung gestellt bekomme.

3. Dezember. Wieder ein Belastungs-EKG. Es dient zur Kontrolle. Beginnend bei 75 Watt, Abbruch nach einer Minute bei 125 Watt. Man scheint vorsichtig zu sein, da unter Belastung eine Zunahme der Herzrhythmusstörungen aufgetreten ist. Die Rhythmusstörungen verunsichern mich zunehmend, da ich sie immer häufiger spüre. Die Folge ist eine innere Unruhe und aufkommende Nervosität. In der Zwischenzeit wurde das Antiarrhythmikum gewechselt.

4. Dezember. Mein letztes Lauftraining. Ich laufe jetzt schon zehn Minuten lang und fühle mich wohl dabei.

8. Dezember. Abschlussgespräch beim Chefarzt der Klinik. Er erklärt mir, auf was ich zukünftig alles achten muss und wie ich mich in bestimmten Situationen verhalten soll. Er bespricht mit mir alle Befunde und Ergebnisse und stellt ein Rezept für die einzunehmenden Medikamente aus. „Ihre Arbeitsunfähigkeit bleibt bis voraussichtlich Mitte Januar bestehen; anschließend empfehlen wir Ihre stufenweise Wiederaufnahme der beruflichen Tätigkeit sechs Wochen lang vier Stunden pro Tag. Sobald Sie zu Hause sind, wenden Sie sich an Ihren Hausarzt. Die 24 Stunden EKG-Kontrolle sollten Sie in drei Wochen vornehmen lassen, um festzustellen, wie die medikamentöse Therapie bei Ihnen angeschlagen hat.“

Er wünschte mir alles Gute. Ich packte meine Koffer.

Endlich zu Hause!

9. Dezember. Ein Taxi bringt mich nach Ratingen. „Herzlich Willkommen" steht wieder an unserer Wohnungstür. Meine Familie erwartet mich. Wir fallen uns in die Arme und unser Dackel jault minutenlang vor Freude und umkreist mein Gepäck. Da bin ich nun wieder nach einer Odyssee von 86 Tagen. Ein aufregend langer Tag lag hinter mir, als ich mich endlich in meinem eigenen Bett austrecken konnte.

10. Dezember. Ich besuche vormittags einen Allgemeinarzt in unserer Nähe, der einen guten Ruf genießt. Einen Hausarzt hatten wir bisher nicht, da unsere Kinder von einer Kinderärztin betreut wurden und wir selbst bisher einen Hausarzt nicht benötigten.

Ich stelle mich vor und überreiche ihm meine Unterlagen. „Endlich mal etwas Besonderes", sind seine sicherlich nicht ernst gemeinten Worte. „Gibt es keinen Herzklappen-Patienten in unserem Ort?", frage ich ihn. „Nicht unter meinen Patienten", war seine Antwort. „Wenn Ihnen irgendetwas fehlt, melden Sie sich bitte sofort, auch nachts, wenn es sein muss." Für das notwendige Langzeit-Elektrokardiogramm empfiehlt er mir eine kardiologische Ambulanz im nahe gelegenen Düsseldorfer Krankenhaus.

In der Zwischenzeit ist das Paket mit dem Koagulometer zu Hause eingetroffen. Ich bin gespannt auf meine erste Selbstbestimmung des Quick-Wertes und ein wenig nervös, ob ich wohl alles richtig machen würde. Ich ermittelte dann Quick-Werte, die meinen letzten Werten von der Klinik entsprachen. So, damit konnte ich umgehen und war mit meinem Ergebnis zufrieden.

Am nächsten Morgen fuhr ich in die kardiologische Ambulanz und stellte mich dort vor. Ich wurde freundlich aufgenommen und führte auch gleich ein Gespräch mit dem Chefarzt der Kardiologie. Ich erzähle ihm von meinen Rhythmusstörungen, die mich sehr belasteten. Er versprach mir, dieses in den Griff zu bekommen. Ich sollte kurz vor Weihnachten wiederkommen, um ein Langzeit-EKG anlegen zu lassen. Wir verabschiedeten uns, und ich hatte das Gefühl, mich in gute Hände begeben zu haben.

14. Dezember. Am Abend bekomme ich plötzlich Atemnot. Ich laufe unruhig auf und ab. Die Unregelmäßigkeit des Herzschlags macht mich zusätzlich nervös. Das Umsorgtsein der Klinik fehlte mir plötzlich und ich fühlte mich unsicher. Ich konnte meine Beschwerden nicht richtig einordnen. War es etwas Bedrohliches oder gehörte es zum Alltag? Meine Psyche spielte verrückt. Nach gewisser Zeit verschwand das Unwohlsein. Ich sollte dieses für mich unangenehme Gefühl

jedoch noch des Öfteren erleben. Rückblickend betrachtet spielte sich Vieles in meinem Kopf ab.

15. Dezember. Ich habe viel Zeit. Beim neugierigen Stöbern im Bücherregal stoße ich auf ein Buch mit dem Titel „Neuer Hausschatz der Heilkunde", welches Anfang der Vierziger Jahre gedruckt worden ist. Meine Eltern haben sich das Buch zu meiner Geburt gekauft. Unter dem Stichwort Herzklappenfehler lese ich Folgendes: „Man muss aber nicht glauben, dass die Hauptbeschwerden der Kranken vom Herzen ausgehen. Nicht selten beziehen sich die ersten Klagen auf allerlei Verdauungsbeschwerden, auf Kopfschmerzen, Schwindel usw. Erst die genaue sach- und fachgemäße Untersuchung erkennt den Herzfehler. Vorzugsweise ist unter den ersten Beschwerden Kurzatmigkeit zu nennen. Sie pflegt sich schon frühzeitig einzustellen, gehört im späteren Verlauf zu den quälendsten Erscheinungen. Atemnot und Beklemmung nehmen immer mehr zu. Und endlich ist der Tod nur eine Erlösung des Kranken von seinem traurigen Zustand. Eine Heilung des Herzklappenfehlers ist in der weitaus größten Zahl der Fälle nicht möglich, weil die anatomischen Veränderungen an den Klappen nicht zu beseitigen sind."

Welch ein Fortschritt der diagnostischen und operativen Möglichkeiten im Verlauf der letzten fünfzig Jahre!

Weihnachten. Wir genossen die Tage des Zu-
sammenseins. Ich telefonierte mit meinen Ge-
schwistern, Tanten und Onkeln und alle waren
interessiert zu erfahren, wie es mir so ergehe.
Mit meiner jüngsten Schwester telefonierte ich
besonders lange. Es sollte das letzte Telefonat
sein. Kurz nach Weihnachten wurde sie an einem
Gehirntumor operiert.

Mitte Februar 1988: Ich bin seit einiger Zeit
wieder täglich für vier Stunden in unserem Verlag.
Hin und wieder habe ich auf der Fahrt mit dem Auto
dorthin ein Gefühl der Beklemmung, verbunden
mit Atemnot. Ich reagiere dann äußerst fahrig.

Durch unseren Schwager hören wir, dass es
meiner Schwester sehr schlecht geht. Meine Frau
rät mir, schnellstens nach Kiel zu fahren, um sie
zu besuchen. „Ich weiß nicht, ob ich es schaffen
werde in meinem Zustand", war meine Antwort. Es
war meine erste längere Fahrt mit der Bahn alleine
nach meiner Operation. Während der Bahnfahrt
hörte ich oft auf meinen unregelmäßigen Herzschlag, sagte mir aber, dass es doch nicht so
schlimm sein kann. In Kiel angekommen, traf ich
mich mit meinem Schwager und meiner zweiten
Schwester und wir fuhren zusammen zum Uni-
versitäts-Klinikum.

Ich war froh, Abschied genommen zu haben in
dem Bewusstsein, dass unsere vom Tod gezeich-
nete Schwester unsere Stimmen in ihrem tiefsten

Innern wahrgenommen hat. Drei Wochen später traf sich die Familie zur Beisetzung wieder im hohen Norden. Wir waren alle einhellig der Meinung, dass es gut sei, dass unsere vor einigen Jahren verstorbenen Eltern dieses nicht mehr miterleben mussten.

Mein Herz hatte diese Tage gut überstanden und das machte mir Mut, mit dem Wagen zu einer Pressekonferenz nach Offenbach zu fahren. Auch dieser Test verlief gut. So fasste ich den Entschluss mit unserer Tochter in der ersten Woche der Osterferien nach Juist zu reisen. Auch wenn ich immer wieder Probleme mit meinen Herzrhythmusstörungen hatte, genoss ich die Tage auf der Insel.

Ich soll die Herzrhythmusstörungen akzeptieren.

7. April. Ich bin wieder für einige Stunden im Verlag und sitze am Schreibtisch, als mich plötzlich aus dem Nichts heraus ein Schwindel erfasste, als ob ich mit der Achterbahn fahren würde, wobei der Kopf von rechts nach links und mein Körper von links nach rechts gedreht wurde. Ich war schweißnass und vollkommen weiß im Gesicht. Dazu kam die große Angst. Ich bat eine meiner Mitarbeiterinnen, meine Frau anzurufen, dass sie mich sofort abholen sollte. Ich legte mich hin und man versuchte, mich zu beruhigen. Nach zwanzig Minuten konnte ich in den Wagen steigen und wir fuhren zu unserem Hausarzt, der mich im Wagen sitzend nur ansah und uns sofort weiterleitete zum Krankenhaus nach Düsseldorf. Auf der Weiterfahrt musste ich mich übergeben. Anschließend saß ich wie ein kleines Häufchen Elend auf dem Beifahrersitz mit einem Tuch vor dem Mund. Meine Situation machte mich zudem noch wütend, wobei ich mit den Worten reagierte: „Dass mir so etwas passiert!"

Bei der Aufnahme befand ich mich im guten Allgemeinzustand – so der Arztbericht – Herzarrhythmisch und ein situationsbedingter Blutdruck von 180 zu 100 mm/Hg. Nun lag ich wieder auf der Intensivstation. Die Aprilsonne schien auf mein Bett.

Das EGK, welches bei der Aufnahme gemacht wurde, entsprach den Daten der Herz-Kreislauf-Klinik. Auf der Intensivstation wurden andere Antiarrhythmika eingesetzt, jedoch ohne Erfolg, so dass man zu dem Schluss kam, jegliche Anti-arrhythmika abzusetzen. Zusätzlich wurde eine Vorhofstimulation durchgeführt von 210/min, ohne dass sich etwas Krankhaftes hat feststellen lassen.

Nach einigen Tagen wurde ich auf die Station verlegt. Wieder eine neue Umgebung. Ich hätte heulen können vor Wut. Man stellte mir ein kleines EKG-Gerät auf meinen Nachttisch und so konnte ich bei gefühlsmäßig auftretenden Rhythmusstörungen selbst einen EKG-Streifen schreiben lassen. Wir diskutieren die Möglichkeit der Implantation eines Herzschrittmachers, ohne jedoch diese durchzuführen. Der Chefárzt rät mir, die Herzrhythmusstörungen zu akzeptieren, obwohl sie für mich belästigend seien. Ich versuche es.

Ich ließ mir Arbeit ins Krankenhaus kommen, so dass ich mich ablenken konnte.

15. April. Meine Frau holt mich ab. Jetzt nehme ich nur noch den Gerinnungshemmer ein.

Der beginnende Frühling und das schöne Wetter halfen mir ungemein weiter. Täglich wanderte ich morgens eine halbe Stunde im nahe gelegenen Wald und genoss dabei die Ruhe. Anschließend fuhr ich für einige Stunden in den Verlag. Voll arbeitsfähig war ich jedoch noch nicht.

Die folgenden Wochen versuchte ich, meine Herzrhythmusstörungen zu ignorieren, was mir auch gelang. Ich wurde wieder mutiger. Ende Juni flog ich zum „Menopausen-Forum" nach Berlin und übernachtete im Bristol Hotel Kempinski. Ein wichtiges Thema für unsere frauenärztliche Fachzeitschrift. Ich freute mich, wieder dabei sein zu können. Es war heiß und schwül. Nach getaner Arbeit bummelte ich spätnachmittags über den Ku'damm. Irgendwann überkam mich plötzlich wieder ein leichter Schwindel. Wieder spürte ich die Angst in mir hochsteigen. Den Blick geradeaus gerichtet und fahrig in den Bewegungen, erreichte ich das nahe gelegene Hotel. Im Zimmer ruhte ich mich aus. Nachdem ich mich beruhigt hatte, kam wieder die Wut meiner Unfähigkeit in mir hoch.

Am nächsten Tag auf dem Flug nach Düsseldorf kurz vor der Landung wieder diese unangenehmen Rhythmusstörungen.

Schrittmacherimplantation

5. Juli. Zu Hause angekommen, rief ich meinen Kardiologen in Düsseldorf an. Er riet mir, sofort in die Ambulanz zu kommen. Ich sagte meiner Frau Bescheid. Nachdem das EKG geschrieben worden war, hielt man es für notwendig, mich im Krankenhaus zu behalten, um nun doch einen Schrittmacher zu implantieren. Der bestehende Wechsel zwischen einer sehr langsamen und schnellen Schlagfolge des Herzens machte dieses notwendig.

Nach dieser Eröffnung parkte ich meinen Wagen so, dass er dort für einige Tage stehen bleiben konnte. Ich rief meine Frau an und erzählte ihr von dem nächsten ärztlichen Vorhaben. Bald darauf erschien sie im Krankenhaus mit den üblichen Utensilien.

6. Juli. Ich wurde auf die Implantation vorbereitet. Wichtig war es, zunächst den Gerinnungshemmer abzusetzen und Heparin zu spritzen, sobald der Quick-Wert unterhalb des therapeutischen Bereichs liegt. Schon nach zwei Tagen war es soweit.

7. Juli. In Abstimmung mit dem Kardiologen beantrage ich bei der BfA eine Anschlussheilbehandlung, die mir aufgrund meiner Herzklappenoperation nach zwei Jahren zugestanden hätte.

Die noch zu erfolgende Implantation eines Schrittmachers und die bestehenden Herzrhythmusstörungen ließen die Gewährung einer sofortigen AHB zu. Am gleichen Tag rief ich in Bad Berleburg an, damit man mir ein Zimmer reservieren möge.

8. Juli. Nach der Anästhesie wurde mir vormittags der Schrittmacher implantiert. Es dauerte vielleicht zwanzig Minuten. Ganz genau weiß ich es nicht mehr. Aber ich war schnell wieder auf der Station zurück.

Während meines Aufenthalts im Krankenhaus führte ich einen Pulskontrollbogen auf Anraten der Ärzte. Ich schrieb alles auf, was mich von meinem Puls her beunruhigte und zwar nachts, sofern ich davon wach wurde, und tagsüber beim Liegen, Sitzen oder Spazierengehen. Ich wurde nun medikamentös wieder auf ein Antiarrhythmikum eingestellt.

11. Juli. Die Krankenhauszeit ist vorüber. Da mein Wagen auf dem Parkplatz des Krankenhauses steht, kann ich den direkten Weg nach Hause nehmen.

Zweite Rehabilitation

10. August. Es war ein warmer Augusttag, als ich wieder in der Herz-Kreislauf-Klinik eintraf. Jetzt gab es kein Suchen und Umherlaufen mehr. Ich wurde herzlich begrüßt und fühlte mich gleich wie zu Hause.

Wieder begann die Planung der mir zur Verfügung stehenden vier Wochen. Um weiter fit zu werden, stellte ich mir einen eigenen zusätzlichen Plan auf. Zwölf bis fünfzehn Kilometer absolvierte ich täglich zu Fuß, wobei ich mein Schritttempo ständig steigerte. Der Weg, den ich ausgesucht hatte, führte durch das Truftetal bergab und bergauf. Dazu schwamm ich fast täglich eine halbe Stunde und besuchte zudem regelmäßig die Sauna. War Freizeit, so lag ich auf der Liege im Park, las Bücher, hörte Musik aus dem Walkman und sonnte mich.

Ich hatte mir angewöhnt, einen Walkman zu tragen. Mit Musik, die ich gerne mochte, ließ ich mich berieseln. Das beruhigte mich. Eine Kassette mit Meeresrauschen und dem Schreien der Möwen gehört auch dazu.

Die Schwimmtelemetrie ergab, dass ich keine Rhythmusstörungen beim Schwimmen hatte. Ich stellte fest, dass ich, sobald ich in den Bereich der Belastung hineinkam, keine Herzrhythmusstörungen mehr spürte. Bis zu 175 Watt strampelte ich auf dem Fahrradergometer. Ein überdurchschnittliches Brutto-Leistungsvermögen hatte ich mir wieder antrainiert. Der wunde Punkt waren die Rhythmusstörungen, die unter seelischem Druck auftraten.

7. September. Die Zeit in der Herz-Kreislauf-Klinik verlief viel zu schnell. Meine Abreise stand bevor. Da ich mit meinem Wagen nach Bad Berleburg gefahren war, stand nun einer geruhsamen Heimfahrt nichts mehr im Wege.

12. September. Nach fast genau einem Jahr bin ich beruflich wieder voll einsatzfähig.

Endlich wieder aktiv sein

21. Oktober. Meine Frau und ich sitzen im Flugzeug auf dem Weg nach Rio de Janeiro. Dort findet der Weltkongress für Frauenheilkunde und Geburtshilfe statt. Für uns als Herausgeber einer Fachzeitung für Frauenärzte ein Muss!

In Abstimmung mit meinem Kardiologen erhielt ich die Erlaubnis, diese Reise zu unternehmen. Die Reisekosten für meine Frau trugen wir selbst. Für mich war es wichtig, dass sie mit dabei war. Einen Tag vor der Abreise bestimmte ich den Quick-Wert, der sich im Normbereich befand. Natürlich waren wir aufgeregt, ob ich alles gut vertragen und überstehen würde. Befürchtungen hatte ich schon, dass etwas mit der Herzklappe während des langen Fluges geschehen könnte. Doch ich schob den Gedanken beiseite, da das bevorstehende Erlebnis mich restlos in Anspruch nahm. Lediglich auf halber Strecke, sieben Stunden hinter und sieben Stunden vor uns, kamen mir die Gedanken wieder in den Sinn.

Auf dem Gesellschaftsabend, an dem auch alle Journalisten teilnahmen, ließ ich es mir nicht nehmen, mit einer Brasilianerin aus Rio zu tanzen. Nachdem der Kongress in Rio beendet war, flogen wir mit einer Gruppe von Medizinjournalisten und einigen Ärzten nach Iguaçu zu den herrlichen Wasserfällen. Die schwüle und heiße Luft bereitete mir keine Schwierigkeiten. Selbst da, wo ein Fahrstuhl zur Verfügung stand, benutzte ich die Treppen. Von Iguaçu flogen wir weiter nach Salvador de Bahia. Die Tage in dieser interessanten Stadt bekamen mir gut. Auch die Hitze machte mir nichts aus. Von Salvador de Bahia flogen wir nach Rio de Janeiro und von dort weiter nach Frankfurt. Nach vierzehn aufregenden Tagen erreichten wir wieder unser Zuhause. Noch am gleichen Tag bestimmte ich meinen Quick-Wert und stellte mit Zufriedenheit fest, dass er sich nur unwesentlich verändert hatte und im vorgeschriebenen therapeutischen Bereich lag.

Sommer 1993. Ich liege am Dünenrand auf meiner Lieblingsinsel Juist. Ein leichter Wind weht vom Meer herüber. Die Sonne steht hoch im Zenit. Es ist warm. Ich blicke in das Blau des Himmels und verfolge den Flug der Möwen. Meine Gedanken wandern. Wie schnell die Jahre vergangen sind mit schönen Tagen, aber auch mit Abschnitten gesundheitlicher Schwierigkeiten. Alles in allem jedoch lebenswert.

Alle neun Monate fahre ich nach Bad Berleburg in die Ambulanz der Herz-Kreislauf-Klinik. Ich fühle mich dort gut aufgehoben und gut beraten. Diese zwei Tage, die die Untersuchungen in Anspruch nehmen, genieße ich mit einer ausgedehnten

Wanderung durch das Truftetal. Mit dem um-geschnallten Langzeit-EKG versuche ich, mich entsprechend zu belasten und um herauszufinden, wie es um die Herzrhythmusstörungen steht. Wichtig sind mir auch die Gespräche am Abend in der Cafeteria der Klinik. Hier höre ich Manches über die körperlichen und seelischen Probleme der Patienten. Da ich in keiner Herzgruppe bin, nutze ich zumindest die kurze Zeit, hier Kontakt mit Herzklappenpatienten aufzunehmen.

Aber auch die Teilnahme an Arzt-Patienten-Seminaren für Klappenpatienten, wie sie alljähr-lich in Bad Berleburg stattfinden, empfinde ich als eine weitere gute Gelegenheit, Gedanken auszu-tauschen.

Mit der Zeit konnte ich auch die fahrradergo-metrische Belastung steigern – in jüngster Zeit bis zu 200 Watt – und das bei einem Lungenvolumen von unter drei Litern. Ich führe diese verhältnis-mäßig gute Konstitution auf meine regelmäßigen sportlichen Aktivitäten zurück, sei es Walken oder leichtes Joggen. Es sind wöchentlich ungefähr zwanzig Kilometer, verteilt über vier oder fünf Tage.

An der Herzklappe wird seit Beginn ein diskretes Leck beobachtet, welches jedoch für den Blutfluss von geringer Bedeutung ist.

Lediglich die Herzrhythmusstörungen belasten mich weiter. Nachdem die Medikamente für die

Rhythmusstörungen weder genützt noch geschadet haben, habe ich diese im Einvernehmen mit den Ärzten abgesetzt.

Stress hatte mich vor einigen Jahren wieder auf die Intensivstation gebracht. Ich bemerkte seit geraumer Zeit, dass meine Herzfrequenz sich ständig erhöhte. Zeitlicher Druck und auch Unfrieden unter den Mitarbeitern belasteten mich. Unvermittelt beim Treppensteigen im Verlag fing mein Herz plötzlich an zu rasen. Ohne viele Worte zu sagen verließ ich das Büro und fuhr mit meinem Auto nach Hause. Sicherlich nicht ungefährlich, denn ich fuhr fahrig und äußerst nervös.

In der Wohnung angekommen, fand ich meine Frau nicht vor. Das Herz wurde auch nicht langsamer. Angst kroch in mir hoch. Es fiel mir ein, dass meine Frau um diese Zeit mit dem Hund zum Tierarzt wollte. Ich rief dort an und bat sie, schnellstens nach Hause zu kommen.

Auch sie war sichtlich nervös, was meinen Zustand nicht bessern half. Wir fuhren nach Düsseldorf in das Krankenhaus, in dem mir auch der Schrittmacher implantiert worden war. Auf der Fahrt dorthin trieb ich meine Frau zu schnellerem Fahren als zulässig an. Wir erreichten die Notaufnahme. Nachdem meine Frau mein Problem dem diensthabenden Arzt erzählt hatte, wurde ich auf eine fahrbare Liege gelegt. Irgendwie hatte ich das Gefühl, dass mir ein Herzinfarkt eingeredet werden würde. Ich bestritt dieses und bat, dass der Chefarzt kommen solle, dem mein Leiden bekannt war.

Es zeigte sich bei der Untersuchung, dass ich an einer Sinustachykardie mit Rechtsschenkelblock mit Frequenzen bis zu 180 Schlägen in der Minute litt. Der Blutdruck von 240/100 mm/Hg zeigte meine Stress-Situation an.

Die dann eingeleitete medikamentöse Therapie versagte; auch der Druck auf die Hauptschlagader brachte kein positives Ergebnis. Ich wurde auf die Intensivstation gebracht, die ich von meinem Besuch vor zwei Jahren her kannte. Die Kabel der Elektroden wurden an den Monitor angeschlossen. Etwas unschlüssig standen die Ärzte um mein Bett herum. Bis ein Stationsarzt auf die Idee kam, einen Magneten auf meinen Schrittmacher zu legen. Ich fühlte plötzlich Ruhe in mir.

Die medikamentöse Behandlung wurde nun wieder auf einen Betablocker umgestellt. Am zweiten Tag auf der Intensivstation bewegten sich die Herzfrequenzen wieder im Normbereich. Am folgenden Tag konnte ich wieder bei gutem Allgemeinbefinden entlassen werden.

Mit meiner Frau unternahmen wir einige Tage später einen Kurzurlaub im Hochsauerland. Die vorweihnachtliche Ruhe bekam uns gut. Nach zehn Tagen saß ich wieder am Schreibtisch.

Ich weiß, dass ich nur ein schwaches Nervenkostüm besitze und mich bei meiner Arbeit stärker aufrege als mir lieb ist. Aus meiner Haut kann ich leider nicht. So nutze ich seit jener Zeit den Abschirmeffekt des Betablockers, was mittlerweile auch eine gewisse „Krücke" für mich geworden ist.

Im folgenden Januar traten andere Symptome auf. Ich wurde hin und wieder des Nachts durch ein „Schwirren" im Körper wach. Ich stellte fest, dass dieses Schwirren von einem schnelleren Herzschlag herrührte. Dieses „Schwirren" machte mich wieder nervös und auch ein wenig ängstlich. Ich lief im Wohnzimmer auf und ab, um mich zu beruhigen. Mit eiskaltem Sprudelwasser versuchte ich, den Herzschlag zu normalisieren. Auch legte ich eine tiefgefrorene Kompresse auf meinen Brustkorb. Dazu nahm ich Magnesium sowie ein Beruhigungsmittel ein. (Die Ärzte hatten mir dazu geraten.) Im Laufe einer halben Stunde beruhigte sich mein Herz.

In den folgenden Monaten und Jahren traten diese für mich unangenehmen und manchmal auch mit Angst durchsetzten Rhythmusstörungen auch tagsüber auf, meistens bei Situationen, die von anderen möglicherweise als banal angesehen werden. Es steigerte sich soweit, dass ich nach einer Pressekonferenz 1989 nachts im Hotel Atlantic in Hamburg durch schnellen Herzschlag aufwachte, mir kaltes Wasser aus der Minibar nahm und die eiskalte Flasche auf den Brustkorb legte. Ich setzte mich in den Sessel und schwankte zwischen den Möglichkeiten, einen Notarzt kommen zu lassen oder nicht. In jenem Fall nahm ich das erste Flugzeug frühmorgens. Als ich zu Hause ankam und mich anschließend in mein Bett legte, war ich wieder ruhig. Stunden später saß ich wieder im Verlag.

Meine Frau riet mir zur Psychotherapie, die ich bis jetzt abgelehnt hatte, vielleicht aus dem Motiv heraus, mich selbst aus diesem verrückten Kreislauf befreien zu können.

Unangenehm ist zusätzlich noch die Atemnot, die die Herzrhythmusstörungen begleitet. Ich spüre, wie ich mich verkrampfe. Mit der Zeit habe ich Tricks entwickelt, die mir über den unangenehmen Zustand hinweg helfen. Der Walkman ist da ein guter Begleiter. Musik, die ich mag, beruhigt mich ungemein.

Dass meine Familie unter diesen immer wiederkehrenden Situationen leidet, ist mir klar. Es fällt mir jedoch schwer, mich davon zu befreien.

Es gab auch unbeschwerte Zeiten. Im Oktober 1989 fuhren wir zu einem internationalen Frauenärztekongress nach Marrakesch. Nach Abschluss des Kongresses fanden sich einige Medizinjournalisten und Ärzte zusammen, um eine Tour von Marrakesch nach Ouarzazate durch den Hohen Atlas zu unternehmen. Einige „Land Rover" wurden uns bereitgestellt. Die Fahrt durch den Hohen Atlas auf den damals noch unwegsamen Schotterstraßen hindurch durch Wadis war ein einmaliges Erlebnis. Unvergessen auch die Besuche in verschiedenen Kasbahs, die auf der Strecke lagen.

Jeden Abend nach dem Abendessen gab es einen Fernet Branca zu trinken, um sich vor der Rache Montezumas zu schützen. Nur am letzten Abend nicht, und mich erwischte die Reisediarrhö kurz vor Ouarzazate. Geplant war der kurze Rückflug nach Marrakesch mit der marokkanischen Royal Air Maroc. Die Fluggäste mussten zwanzig Minuten lang auf mich warten, da ich nicht von der Toilette herunterkam. Im Flugzeug wurde mir Coca Cola angeboten. Das half, den kurzen Flug problemlos zu überstehen. Wissen möchte ich jedoch nicht, wie es zu dieser Zeit um meinen Quick-Wert gestanden hat.

Juli 1991. Eine medizinisch-wissenschaftliche Veranstaltung in New York war ein weiterer Höhepunkt. In der freien Zeit durchwanderten wir bei über 30 Grad C im Schatten diese aufregende Stadt. Und es ist mir gut bekommen.

November 1992. Drei Wochen Urlaub! Wir flogen von Frankfurt nach Curaçao. Von dort startete die Kreuzfahrt durch die Karibik bis nach Europa. Den Quick-Wert hatte ich einen Tag vor der Abreise und sofort nach unserer Ankunft wieder bestimmt.

Er hatte sich nur unwesentlich verändert, lag aber im Normbereich.

Diese Reisen haben wir nicht ohne den Rat der Kardiologen unternommen.

Meine geschäftlichen Aktivitäten habe ich ein wenig umgestellt und in etwas ruhigere Bahnen gelenkt.

Natürlich lebt in einem unterschwellig die Sorge, wie lange das Herz diese Unregelmäßigkeiten toleriert. So versuchen meine Frau und ich, das Beste aus unserem gemeinsamen Leben zu machen. Denn das Klicken meiner Herzklappe bedeutet für uns, dass ich lebe.

Epilog

Herbst 2020. Durch das Corona-Virus erfährt das Leben eine Zäsur. Das Leben gestaltet sich ruhiger. Kongressbesuche entfallen und damit auch das Reisen. Zeit, um zurück zu blicken. 33 Jahre klickt meine künstliche Herzklappe nun und sie hat viel erlebt. Nach den vielen Episoden, die in den ersten Jahren auftraten, beruhigte sich mein Herz. Rhythmusstörungen traten seltener auf. Und wenn sie auftraten, habe ich diese akzeptiert. Sie gehören einfach seit jener Zeit mit dazu. Beim jährlichen Auslesen der Schrittmacherdaten erfahre ich, dass häufig Vorhofflimmern besteht. Zwei Schrittmacherwechsel waren während der 32 Jahre bisher erforderlich. Der dritte Schrittmacherwechsel wird sicherlich bald folgen.

Den letzten Quick-Wert ermittelte ich Ende 1993. Die Krankenkasse stellte mir einen neuen Gerinnungsmonitor zur Verfügung. Mit diesem Monitor konnte ich nun den INR-Wert ermitteln und dieses nun wöchentlich. Dr. Armand J. Quick, der 1936 feststellte, wie lange die Gerinnungszeit des Blutes in Sekunden andauert, wird sicherlich nichts mehr dagegen haben, wenn wir vom Quick-Wert Abschied nehmen. Denn Quick-Wert ist nicht gleich Quick-Wert. Das liegt an den verschiedenen Thromboplastinen (Testsubstanzen), die alle unterschiedliche therapeutische Bereiche haben und somit die Quick-Werte nicht vergleichbar sind. Bei Notfällen könnten falsche Rückschlüsse gezogen werden. Daher ist es notwendig, grundsätzlich die Gerinnungswerte in INR zu ermitteln. In unserer globalisierten Welt sollte es gelingen, beim Bestimmen der Gerinnungswerte die Sprache der INR (International Normalized Ratio) zu sprechen. Auch wir wollen die Welt erkunden, um dort – sofern notwendig – vergleichbare INR-Werte zu erhalten.

Mitte der neunziger Jahre war es mein Ziel, Herzklappen-Patienten ein Medium anzubieten, wo sie Fragen stellen können und Antworten von Fachärzten erhalten. Alles zum Umgang mit der künstlichen Herzklappe und der notwendigen Gerinnungshemmung.

Die erste Ausgabe des Ratgebers „Die Herzklappe" erschien 1996. Zwölf weitere folgten. Danach änderte ich den Titel in „Die Gerinnung" – „Patientenratgeber zum Umgang mit der Blutgerinnung". 62 Ausgaben folgten bis 2020.

Dieser Ratgeber befasst sich mit der Blutgerinnung, wobei das Thema „Künstliche Herzklappe" ein Schwerpunkt war. Dr. med. Carola Halhuber, Bad Berleburg, und Begründerin des Gerinnungs-Selbstmanagements, postulierte schon 1987, dass der „mündige" Herzklappen-Patient ein „Spezialist in eigener Sache" werden soll.

Der Ratgeber war die eine Säule der Information, eine zweite Säule waren die Patiententage, die in vielen Regionen, auch in Österreich und der Schweiz, jährlich abgehalten wurden. Die wichtigste Säule jedoch war die Arbeit der vielen Selbsthilfegruppen.

Wie groß das Bedürfnis war, sich über das Leben mit der künstlichen Herzklappe zu informieren, zeigt sich beispielhaft an dem 1. Patienten-Seminar 2002 des Herzzentrums Nordrhein-Westfalen.

2000 Anmeldungen lagen vor, jedoch nur 530 Patienten konnten daran teilnehmen, da das Kurtheater in Bad Oeynhausen nicht mehr Platz bot. Einige Jahre später kamen mehr als 1000 Teilnehmer in die Konzerthalle der Stadt Bad Salzuflen. Auch das dritte Patienten-Seminar im Jahr 2008 fand großes Interesse. Vorträge wie „35 Jahre Herzklappen-Operationen – meine klinischen Erfahrungen", gehalten von Prof. Dr. Dr. h.c. R. Körfer, beeindruckten die Zuhörer, denn fast alle Teilnehmer hatten eine oder mehrere künstliche Herzklappen. Diejenigen, die durch ihn operiert wurden, dankten mit langanhaltendem Applaus. „Nichts ist schöner als eine gelungene Herzklappen-Operation", so seine Worte. Dem konnte ich nur zustimmen.

Viele der jährlich stattgefundenen Patienten-Seminare der Selbsthilfegruppen, die zumeist auch Mitglied der Deutschen Herzstiftung e.V.

sind, waren für uns Herzklappen-Patienten immer ein Zugewinn an Wissen über den Umgang mit der künstlichen Herzklappe. In Bad Berleburg, Dresden, Höhenried (Starnberger See), Kiel, Wuppertal, Österreich und der Schweiz waren es Tages-Seminare, die immer gut besucht wurden. Den Einladungen folgend sprach ich oft über meine persönlichen Erfahrungen im Umgang mit der künstlichen Herzklappe und der notwendigen Gerinnungshemmung.

Das Herzklappen-Forum stellte ich 2002 ins Netz und wird heute noch von vielen Herz-patienten intensiv genutzt, um zu fragen und um Antworten zu erhalten. Über 8000 Fragen wurden bisher diskutiert. Daran sieht man, dass Herzklappenersatz, in welcher Form auch immer, Betroffene stark beschäftigt.

Herzklappen-Patienten und Patienten, die eine lebenslange Gerinnungshemmung benötigen, gibt überall auf der Welt. So entstand aus den heimischen Erfahrungen, diese auch international weiter zu geben. 2002 gründeten wir in Genf die ISMAAP (International Self-Management Association of oral Anticoagulated Patients). Anfangs waren es fünf nationale Patientenvereinigungen (Deutschland, Großbritannien, Italien, Niederlande und Spanien), die Mitglieder wurden. Zum Vorsitzenden der Organisation wurde ich gewählt.

Hinzu kamen im Laufe der Zeit nationale

Patientengruppen aus Belgien, Dänemark, Frankreich, Österreich und der Schweiz. Ziel war es, in enger Zusammenarbeit mit international anerkannten Fachleuten auf dem Gebiet der Kardiologie und der Transfusionsmedizin denjenigen Patienten, die lebenslang Gerinnungshemmer einnehmen müssen, wissenschaftlich fundierte Informationen zum Umgang mit der Gerinnungshemmung an die Hand zu geben. Keine leichte Aufgabe, da jedes Land seine eigenen Bestimmungen hat.

Unsere erste noch kleine internationale Konferenz fand 2005 in Hamburg statt.

Mein erster Flug, den ich alleine unternahm, war ein Flug nach Orlando/Florida im Mai 2005. Eingeladen wurde ich von der amerikanischen Organisation „Anticoagulation Forum", welche alle zwei Jahre Kongresse auf dem Gebiet der Gerinnungshemmung anbietet. Dort stellte ich Ergebnisse vor, die wir mittels Befragungen unserer Leser des Ratgebers „Die Gerinnung" zum Umgang mit der Gerinnungshemmung erhoben hatten. Ausgewertet wurde diese in Zusammenarbeit mit dem Herzzentrum NRW.

Den USA-Aufenthalt und die Reise genoss ich und ohne Herzrhythmusstörungen. Das gab mir Zuversicht, mich weiter intensiv damit zu beschäftigen, Herzklappen-Patienten notwendige Aufklärung anzubieten.

Ein Jahr später hatten mich die Veranstalter des „World Ageing Congress", zu einem Vortrag in die Universität St. Gallen eingeladen. Die Thematik dieses Kongresses: „Wirksame Strategien zur Vorbeugung von Herz-Kreislauf-Erkrankungen". Nun hatte ich schon ein wenig mehr Übung, einen Vortrag in englischer Sprache zu halten. Und so war die Nervosität nicht mehr allzu groß, was ich an meinem ruhigeren Herzschlag beobachtete.

Für uns war es ein großer Erfolg, dass wir als erste Patientenorganisation uns auf dem Weltkongress für Kardiologie im September 2006 in Barcelona aktiv beteiligen konnten. Unser Symposium „Leben mit Gerinnungshemmern" wurde von 300 Kardiologen aus aller Welt besucht. Nach dem Vortrag spürte ich mein Herz und die Herzrhythmusstörungen. Sicherlich war dies der Aufregung geschuldet.

Im Mai 2007 wurde ich wieder von der amerikanischen Organisation „Anticoagulation Forum", diesmal nach Chicago, eingeladen, um dort einen Vortrag zum Thema „Verbesserung der Lebensqualität antikoagulierter Patienten" zu halten. Ich war selbst verwundert, dass auch diese Reise ohne nennenswerte Zwischenfälle so gut verlief.

Im September 2007 hielt ich einen Vortrag als Patient auf einem Symposium des ESC-Kongresses (Europäische Gesellschaft für Kardiologie) in Wien zum Thema: „Lebenslange Gerinnungshemmung aus Patientensicht".

Im Mai 2008 folgte ich einer Einladung nach San Diego, USA, um auf der nationalen Jahreskonferenz des „Anticoagulation Forum" einen Vortrag über die INR-Selbstbestimmung aus europäischer Sicht zu halten.

Besonders hatte es uns erfreut, dass wir auf dem Jahreskongress des ISTH (Internationale Gesellschaft für Thrombose und Hämostase) in Genf 2008 die Möglichkeit bekamen, ein Symposium zum Thema „Vorhofflimmern und Gerinnungshemmung" durchzuführen. Zudem wurde uns ein Messestand angeboten.

Hier nutzten wir die Gelegenheit, den teilnehmenden Ärzten aus aller Welt unsere Aktivitäten zu erläutern, verbunden mit der Bitte, diese an ihre Patienten in den jeweiligen Ländern weiterzuleiten.

Eine große internationale Patienten/Ärzte Konferenz organisierten wir im Jahr 2009 in Brüssel. Teilnehmer aus Europa und den USA diskutierten drei Tage lang den Umgang mit der Gerinnungshemmung jeglichen Alters. Auch die ersten Daten einer umfassenden Studie aus Oxford „Selbstüberwachung der oralen Gerinnungshemmung" wurden vorgestellt und diskutiert. An dieser Studie war auch unsere Organisation mit beteiligt.

Im gleichen Jahr stellte sich unsere Organisation den Parlamentariern im Europäischen Parlament in Brüssel vor. Ziel war es, die Parlamentarier auf die täglichen Herausforderungen im Leben eines Patienten aufmerksam zu machen. Eine für uns wichtige Veranstaltung, zumal es u. a. um uns Herzklappen-Patienten ging.

Mittlerweile 69 Jahre alt flogen wir – meine Frau und ich – im Juni 2010 nach Peking. Dort fand wieder ein Weltkongress der Kardiologie statt. Es wurde uns dankenswerterweise ein Messestand zur Verfügung gestellt. Unsere Leitsprüche ließ ich ins Chinesische übersetzen. Die englischen Versionen bestanden ja schon. Es fehlte jedoch eine passende Tischdecke für den Stand. Meine Frau fuhr mit einem Taxi vom Kongressgebäude, welches sich in der Nähe des Olympiazentrums befand, in die Stadt. Nach geraumer Zeit kam sie zurück mit der Tischdecke. „Wie hast Du denn das hinbekommen?", fragte ich sie. „Mit Händen und Füßen", war ihre Antwort.

Auf unserem Stand hatten wir nun die Gelegenheit, mit Kardiologen aus aller Welt zu sprechen. Hier stießen wir oftmals auf Unverständnis, Patienten die Verantwortung zu übertragen, INR-Werte selbst zu bestimmen. Es bedarf noch vieler Aufklärungsarbeit bei der Ärzteschaft, war unser Resümee nach Abschluss des Kongresses.

Gleichzeitig zum Kongress fand vor dreißig chinesischen Journalisten eine Pressekonferenz statt, zu der ich eingeladen wurde. Da es sich um das Thema „Innovative Herzdiagnostik" handelte, konnte ich meine Erfahrungen als Patient schildern.

Auf einem „Asiatischen Kardiologie-Forum", welches im Rahmen des Weltkongresses stattfand, schilderte ich in einem Vortrag vor Kardiologen mein Leben mit künstlicher Herzklappe und der damit verbundenen Gerinnungshemmung.

Unvergesslich bleibt unser Ausflug zur Chinesischen Mauer. Mit einem Taxi ließen wir uns dorthin fahren und wanderten auf einem Teilabschnitt der Mauer. Der Taxifahrer wartete und brachte uns nach Peking zurück.

Wir flogen anschließend nach Seoul, wo ich auf einer weiteren Pressekonferenz vor koreanischen Journalisten einen Vortrag über das Gerinnungs-Selbstmanagement hielt. Erfahrungen damit hatte ich ja seit 1987 – erlernt in Bad Berleburg. Der Besuch einer koreanischen Selbsthilfegruppe für Herzklappen-Patienten war der Abschluss dieser Reise.

Auch hier gab es für uns eine unvergessliche Fahrt zur Nordkoreanischen Grenze nach Pan-munjeom.

Meine selbst ermittelten INR-Werte während der Reise lagen alle im Normbereich. Auch das Herz spielte mit.

Im Mai 2011 flog ich wieder alleine in die USA. Diesmal nach New York. Dort verbrachte ich einen Tag, wanderte durch diese lebendige Stadt. Am nächsten Tag nahm ich den Amtrak-Zug nach Boston. Auf der 11. nationalen Jahreskonferenz des „Anticoagulation Forum" stellte ich aktuell erhobene Daten einer Online-Befragung zum Umgang mit Gerinnungshemmern vor. Die Universität Oxford hatte in Zusammenarbeit mit uns einen Fragebogen entwickelt. Dieser war abrufbar über die Webseiten der drei deutschsprachigen Patienten-Organisationen. Die Daten wurden anschließend in Oxford ausgewertet.

In diesen Jahren beschäftigte mich auch die Idee, eine groß angelegte Befragung bei Herzklappen-Patienten und Patienten, die unter Vorhofflimmern leiden, durchzuführen. Stets war in den wissenschaftlichen Studien zu lesen, dass Patienten, die Gerinnungshemmer einnehmen, sich nur zu 50-60 % innerhalb des vorgeschriebenen therapeutischen Bereiches aufhielten. Die Folge, dass mehr Blutungen oder Thrombosen auftreten. Wie sieht es mit denjenigen Patienten aus, die ihre Gerinnungswerte selbst ermitteln? Diese Frage diskutierte ich mit Kardiologen und Transfusionsmedizinern. Wir entwickelten einen Fragebogen, den wir meinem Ratgeber „Die Gerinnung" 2013 beilegten. Das Studienprotokoll wurde von der örtlichen Ethikkommission (Zürich,

Schweiz) bewertet. Die Untersuchung wurde gemäß der Erklärung von Helsinki durchgeführt.

Der Rücklauf war überwältigend. Täglich musste ich zur Post und Hunderte von Briefen abholen. Mehr als 16 000 Fragebogen waren es nach Abschluss. Monatelang saß ich daran, Briefe zu öffnen, die Fragebogen zu nummerieren und abzulegen.

Dann erfasste ich über 600 000 Daten. Diese Datenmenge wurde in der Schweiz ausgewertet. Überrascht waren wir, dass der Anteil der INR-Werte im therapeutischen Bereich bei 88 % lag. Das bestätigt die ausgezeichnete Qualität der Gerinnungshemmung bei Patienten, die das INR-Selbstmanagement durchführen. Veröffentlicht wurde dieser in englischer Sprache verfasste Forschungsbericht im „British Journal of Haematology" im Jahr 2016.

Mit einem gewissen Stolz konnte ich meine langjährige Arbeit betrachten. Dieses wurde auch noch unterstrichen von vielen weltweit anerkannten Fachärzten. Damit war ich meinem Ziel nähergekommen, dass insbesondere uns Herzklappen-Patienten, aber auch allen anderen Patienten, die Gerinnungshemmer einnehmen müssen, mehr Aufmerksamkeit geschenkt wird.

Die ersten Ergebnisse lagen 2015 vor, so dass es für mich wieder eine Gelegenheit gab, diese amerikanischen Ärzten vorzustellen. So flog ich mit meiner Frau im April nach Washington. Dort fand die 13. Nationale Konferenz des „Anticoagulation Forum" statt. Für mich war der Aufenthalt im Wardman Park Hotel etwas Besonderes. Mein Vater übernachtete bereits 1937 auf seiner Amerikareise dort.

Nach Abschluss der Konferenz ließen wir es uns nicht nehmen, das Weiße Haus, dem Sitz der Regierung, anzusehen und alle anderen Sehenswürdigkeiten. Mit dem Amtrak-Zug verließen wir Washington in Richtung New York. Im Central Station angekommen brachte uns ein Taxi zum Hafen, wo das Kreuzfahrtschiff lag. Von hieraus überquerten wir den Atlantik in Richtung Europa. So wie es mein Vater 1937 tat.

Da das Schiff über Nacht in New York am Pier blieb, bummelten wir nachmittags in Richtung Broadway. An einer roten Ampel hält neben mir ein dreirädriges Elektromobil, auf der eine fröhliche Dame sitzt. Neben ihr ihre Tochter. Da beide sich in Deutsch unterhalten, spreche ich sie auf das Gefährt an. „Ja", sagt sie, „ich komme damit gut klar. Wissen Sie, ich habe Vorhofflimmern und manchmal eben Luftnot bei den langen Spaziergängen und Besichtigungen. Nachher an Bord des Kreuzfahrtschiffes wird mein Mobil wieder für die nächste Besichtigungstour aufgeladen." Ich spreche sie auf das Vorhofflimmern an. „Nehmen Sie Gerinnungshemmer ein?" „Ja, Phenprocoumon und ich bestimme meine INR-Werte selbst. Bei dieser dreiwöchigen Seereise über den großen Teich ist das schon sehr wichtig. Meine INR-Werte sind stabil und das ist für mich die Hauptsache. So fühle ich mich sicher. Und wenn etwas sein sollte, es gibt ja einen Mediziner an Bord." Ich wünschte ihr alles Gute und dachte mir, wie gut es ist, dass es die INR-Selbstbestimmung gibt. Später trafen wir uns wieder an Bord.

Auf der Jahrestagung der Gesellschaft für Thrombose und Hämostaseforschung Ende Februar 2020 in Bremen bekamen wir einen Standplatz angeboten. Da unser Stand beim Messebauer lagerte, baten wir ihn, diesen wieder aufzubauen. Wie immer besuchten uns auch Ärzte, mit denen wir über Jahre hinweg zusammengearbeitet haben. Es war einer der letzten Kongresse vor Beginn der Corona-Pandemie. Bremen war für mich persönlich ein Wiedersehen, denn in dieser Stadt hatte ich studiert.

Jetzt stehen die sozialen Medien immer mehr im Mittelpunkt. So bin ich Mitglied in einigen in- und ausländischen Patientenforen und aktiv in meinem eigenen Netzwerk. Das Bedürfnis, mehr über Herzklappenerkrankung zu erfahren, ist sehr groß. Es gibt noch viel zu tun, um Herzklappen-Patienten und Patienten, die lebenslang Vitamin-K-Antagonisten einnehmen, zu „Spezialisten in eigener Sache" zu machen. Die behandelnden

Ärzte sollten hierbei stets mit einbezogen werden, denn sie können auch aus unseren Erfahrungen lernen.

Es ist herbstlich geworden. Wir sitzen auf unserem Balkon, neben uns auf dem Tisch zwei Gläser Rotwein. Der Vollmond schiebt sich langsam hinter den Baumwipfeln empor. Wir unterhalten uns über unsere Enkelkinder, Familie und Freunde. Sie gehören zum Leben einfach dazu. Ohne sie wäre das Leben ein Stück ärmer. Wir beobachten den wandernden Mond, der jetzt neben dem Mars steht. Es ist still. Das Herz schlägt im Takt. Ich denke laut nach: „Mir wird erst jetzt bewusst, was eine künstliche Herzklappe, aber auch ein Herz, aushalten kann."

Meine Erfahrungen: Leben Sie Ihr Leben!

Wir tragen sie in uns – eine oder mehrere künstliche Herzklappen, die dank der fortschreitenden Technik ausgereift sind. Welch ein Segen für uns, denn ohne künstliche Herzklappen wären wir nicht mehr am Leben. Und was tun diese Klappen? Sie haben nicht nur die Funktion der Ventile in unserem Herzen übernommen – sei es in Aorten-, Mitral-, Pulmonal- oder Trikuspidalposition –, außerdem klicken sie noch. Manchmal klicken sie lauter, manchmal leiser. Die meisten von uns akzeptieren das „Klicken", denn es bedeutet, dass die Herzklappe funktionstüchtig ist.

Doch es gibt Ausnahmen. Für einige von uns bedeutet das Klicken einen psychischen Stress, den sie nur schwer verkraften können. Und dieser Stress kann so weit gehen, dass langwierige Behandlungen beim Psychiater folgen.

Dass uns das Klicken hin und wieder nervös macht – insbesondere während der Nacht, wenn einen die Gedanken nicht schlafen lassen –, lässt sich oftmals nicht vermeiden. Wenn außerdem noch Herzrhythmusstörungen bestehen und das Klicken darauf aufmerksam macht, kann es mit der Nachtruhe vorbei sein. Die Gedanken drehen sich letztendlich nur noch um das Herz und die

Gesundheit. Können wir für unser Herz etwas tun? Wie können wir unser Herz und unseren Kreislauf fit halten?

Wurde vor vielen Jahren nach dem Einpflanzen einer künstlichen Herzklappe noch eine körperliche Schonung propagiert, so hat sich heute die Meinung gewandelt. Eine auf jeden Einzelnen abgestimmte und regelmäßig durchgeführte Ausdauerbelastung wirkt sich kräftigend auf den Herzmuskel aus. Dieses Training sollte schon während der Rehabilitation begonnen und bei der späteren Zusammenarbeit mit dem Kardiologen oder dem Hausarzt fortgeführt werden. Ihr Arzt wird dann anhand der Ergebnisse, die er bei den halb- und später jährlichen Kontrolluntersuchungen ermittelt, den Rahmen der zumutbaren körperlichen Belastung zusammen mit Ihnen festlegen.

Natürlich kommt es auch darauf an, in welchem körperlichen Zustand und in welchem Lebensalter die Klappenoperation durchgeführt wurde. Jedoch ist das Alter und der körperliche Zustand kein Argument, gegen ein aktives Leben zu sein.

Langjährige Erfahrungen – in mannigfachen Studien veröffentlicht – haben gezeigt, dass regelmäßig durchgeführte sportliche Betätigung eine schützende Wirkung hinsichtlich drohender Herz-Kreislauf-Erkrankungen hat.

Mehr Zeit für uns antikoagulierte Patienten

*I*st es vernünftig, eine Behandlung mit Gerinnungshemmern zu beginnen und dann nachfolgend die notwendige regelmäßige Einnahme des Medikamentes auf die leichte Schulter zu nehmen? Es würde wahrscheinlich ähnlich verlaufen wie beim Fallschirmspringen ohne Regeln und Anweisungen des Lehrers.

Meine über dreißigjährige Erfahrung als antikoagulierter Patient ist die, dass immer noch zu wenig Aufklärung bei der Verschreibung von Gerinnungshemmern erfolgt. Gerinnungshemmer sind risikoreiche Medikamente, die eine umfassende Aufklärung bedingen. Dazu zählt nicht nur die Aufklärung über Nebenwirkungen, sondern auch mögliche Wechselwirkungen mit anderen verschreibungspflichtigen Medikamenten. Aber auch der wichtige Hinweis, dass bei Selbstmedikation mit freiverkäuflichen Medikamenten aus der Apotheke und auch bei naturheilkundlichen Mitteln aus Drogerie oder Reformhaus ein möglicher Einfluss auf die Blutgerinnung besteht.

Je höher das Risiko eines Medikamentes ist, desto mehr Einzelheiten müssen mit dem Patienten besprochen werden. Die Qualität ist abhängig vom Dialog mit dem Patienten. Der Arzt muss mögliche Risiken voraussehen, wenn der Patient Probleme beim Erfassen der ausstehenden Behandlung hat. Andererseits handeln Patienten oft nicht rational. Angst neigt dazu, Gründe zu finden, die Medikamenteneinnahme unregelmäßig fortzuführen oder im schlimmsten Fall die Medikation abzubrechen. Gründe, warum der Patient nicht immer so entscheidet und handelt, wie es für ihn gut sein könnte. Dieses sollte der behandelnde Arzt erkennen, gerade auch bei der Verschreibung von Gerinnungshemmern.

Oft jedoch fehlt seitens des Arztes die Zeit (Fünf-Minuten-Medizin), ausführlichere Gespräche zu führen als nur das Rezept zu überreichen, versehen mit kurzen mündlichen Behandlungshinweisen.

Wer mit dem Gerinnungs-Selbstmanagement beginnt, lernt aus Fehlern, sammelt Erfahrungen und entwickelt Selbstvertrauen. Selbstvertrauen im Umgang mit der Gerinnungshemmung steigert das Selbstwertgefühl. Und dieses fördert meiner Ansicht nach eine nachthaltige Patienten-Mitarbeit verbunden mit einer besseren Lebensqualität.

Zu wünschen wäre es, dass Ärzte sich etwas mehr Zeit für uns antikoagulierte Patienten nähmen und mehr Beachtung dem Gerinnungs-Selbstmanagement schenkten. Das würde dem Ziel „stabiler INR-Werte" näher kommen. Denn bei einer Verweildauer von > 75 % sinkt die Anzahl schwerer unerwünschter Ereignisse wie Blutungen oder Thrombosen.

Zeitfracht Medien GmbH
Ferdinand-Jühlke-Straße 7
99095 Erfurt, Deutschland
produktsicherheit@kolibri360.de